今天學美學了沒

Open Course

一週讀完

賀瑞麟 著

Aesthetics in One Week

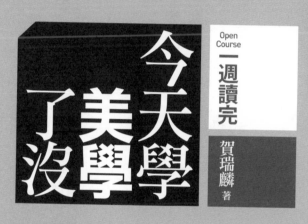

編輯小語

認識美學，一週時間恰恰好！

※ **一週讀一科目，不躁進，不累贅**

三小時讀通美學太不可思議，一個月又太久，本書以「一週學好一科目」為目的，為讀者規畫適當學習進度。從週一至週末，精心安排「導論」、「美學的發展與演變」、「美感經驗與形式」、「創造與模仿」、「美學的實踐與應用」等單元，幫助讀者在最短時間內迅速掌握美學大要。

※ **開放式課程理念，超越時空，打破藩籬**

本書以開放式課程為設計理念，強調無累式自我進修，讀者可依自身能力選擇學習內容，隨時隨地利用零碎時間輕鬆閱讀。同時，致力於內容簡潔明白、一看就懂，打破美學知識難以跨入的限制，無論非本科生、一般上班族，或是在工作領域中會運用到美學元素的工作者，皆可輕鬆閱讀、吸收。

✲ **持續性複習，學習目標易達成**

按日規劃「三分鐘重點回顧」章節，讀者每日均能迅速且有效地複習所學，省時又省力。

✲ **戴上美學眼鏡看世界，啟動美學應用程式**

特別規劃「美學的實踐與應用」單元，幫助讀者戴上美學眼鏡，看出日常生活中的美學元素，破除讀者對於美學的誤解與迷思，真正認識美學在生活中的實用價值。

✲ **大師語錄，人生指南**

收錄諸位美學名家的雋永名句，分享大師的人生智慧。

✲ **整理美學家、學派、理論、經典一覽表；對照、理解最容易**

按照「時期」與「議題」兩個方向，以表格完整呈現美學理論的流派與演變；便於資料找查以及整體美學史的觀念建立。

Day 01

Day 02

Day 03

星期三 發展與演變 近代、現代和後現代美學

CONTENTS 目錄

Day 04

Day 05

CONTENTS
目錄

Day 01 Monday

星期一

導論

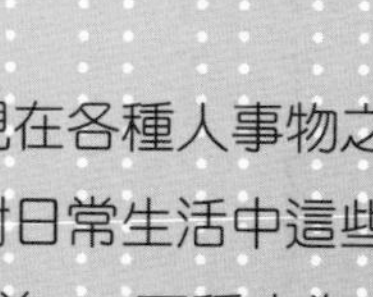

在日常生活中，美無處不在。美可以表現在各種人事物之上，感受到這點，可稱之為「美感」活動；而對日常生活中這些表現美好的人事物加以思考，去思索「什麼是美」，可稱之為「美學」思考。

美學在談什麼：美、美感與美學

在電影「戀夏（500日）」[1]中，旁白在介紹片中女主角「夏天」時是這麼說的：

> 世界只有兩種人：男人跟女人。夏天是女人，一百六十五公分，中等身高；五十五公斤，中等體型；三十九號，鞋子的尺碼略大。實際上，夏天就是個普通女孩；只不過她不普通！一九九八年，夏天在高中畢業紀念冊引用貝兒與賽巴斯汀的一首歌「用混亂繽紛我的人生」，他們的專輯在密西根因此大賣，讓業界摸不著頭緒；夏天大二時在冰淇淋店打工，業績莫名其妙成長二一二％；夏天每次租房子，房租都比行

情低九．二％；她通勤上下班時，平均每天讓人驚豔十八．四次。「夏天效應」是罕見的特質！很罕見！但每個成年男人一生起碼會碰到一次。湯姆認為在有四十萬家公司行號、九萬一千棟辦公大樓以及三百八十萬人口的城市，事情只有一個解釋：那就是天注定！

以上的台詞，有三點值得注意：一、美的競爭力（**夏天的美貌讓她在各方面占盡優勢**）；二、美是一種平均數（**夏天的美看似普通，但其實她不普通，這呼應了「美是一種平均數」的理論**）；三、命中注定的愛情（**愛情看似偶然，但偶然中有命定**）。本章將重點放在美的競爭力上面，至於另外兩點，我們將在下面的章節說明。

在上文所引用的電影旁白中說道，女主角夏天因為外貌姣好，因此在各方面占盡優勢，包括打工時業績成長、房租降價，這些都是「美」帶來的優勢。之所以會如此，是因為在我們的日常生活之中，不論是食衣住行或是育樂活動，任何一項都和「美」有關。舉例來說，同樣是食物，粗茶淡飯和美食，當然是後者較具競爭力；同樣是衣物，粗布短衣和時尚華服，也是後者較有優勢；住宅和交通方面同樣也是如此。人們不滿足於食衣住行的「實用」需求而已，更樂於追求食衣住行的「美感」元

大師語錄　一切立體圖形中最美的是球形，一切平面圖形中最美的圓形。——畢達哥拉斯

素。實用的功能，只能滿足我們對於生活的基本要求，而追求「美感」，則可以讓我們的生活變得更美好。因此，美具有競爭力。

總之，在日常生活中，美無處不在，美可以表現在各種人事物之上；感受到這點，可稱之為「美感」活動；而對日生活中這些表現美好的人事物加以思考，去思索「什麼是美」，可稱之為「美學」思考。

從日常生活的美感現象進展到對「美」的思索（美學思考）

如上所述，在日常生活中，美無處不在。請想像我們的一天，從醒來、工作到睡眠，所有的事物都可以跟「美」關聯在一起。

叫醒我們的音樂鈴聲（鬧鐘），旋律的悅耳與否和美感有關；被鬧鐘叫醒之後，起床吃早餐，美味與否也和美感相關[2]；用膳完畢之後，搭車上班，也許途經鄉間小路，也許途經市區，映入眼簾的，不論是田園景緻或高樓大廈的天際線，車窗外的廣告看板，車裡播放的音樂，在在都與美感相關。

到了公司，電腦桌面、同事的衣著，連中午休息時喝的咖啡，也和美感相關（品味問題）；到影印室去影印，說文件印歪了不好看，這也和美感問題相關。

總之，從起床到上班，一切都在美的氛圍中。在美的氛圍中，所有的事物都與美感相關；所有的事物都表現美，而我們則去感受這些美。這就是美感。如果我們從日常生活中的美感出發，進而思索美的本質，就進入了美學思考。對於「美」的感受是我們每天都在做的事，而對「美」的思考，則是要學習「美學」之後才得以開始[3]。

我們可以從日常生活中的美感現象開始進行美學思考：為什麼這些截然不同的事物都是「美」？都有「美感」？音樂、美食、風景、裝扮、品味都是「美」？它們有何共通點？實際上，這些出現在我們日常生活中的美感問題，柏拉圖已經在他的《對

柏拉圖的《對話錄》

柏拉圖的《對話錄》（*Dialogues*）目前共有三十六篇，幾乎都是以蘇格拉底為主角；蘇格拉底自己沒有留下任何著作，因此，現今關於蘇格拉底的事蹟都是出自於《對話錄》；《理想國》（或譯《國家》）是其中最重要的對話錄之一，討論的主題是「正義」。

大師語錄　互相排斥的東西結合在一起，不同的音調造成最美的和諧；一切都是對立產生的。——赫拉克利圖

話錄》中討論過；他在〈大希庇阿斯〉篇思考過這個問題。且讓我們先從他的《對話錄》談起。

「美」是什麼vs.「美」表現在什麼東西上——從柏拉圖的《對話錄》談起

柏拉圖的《對話錄》中以「美」或「美感」為主題的有數篇，〈大希庇阿斯〉就是其中一篇[4]。對話中的主角是蘇格拉底（Socrates）和智者[5]希庇阿斯（Hippias）。蘇格拉底請希庇阿斯替「美」下個定義，要希庇阿斯回答「美是什麼？」，希庇阿斯首先回答說：「美就是一位漂亮的小姐！」蘇格拉底不滿意這個說法，他說，「我問的是：『美是什麼』而不是問『什麼東西是美的？』」蘇格拉底的意思是，如果可以用「美是一位漂亮的小姐」來回答他的問題，那麼也可以用「一匹母馬是美的」、「一個美的豎琴」和「一個美的湯罐」來回答問題。但是這樣的回答是不對的。蘇格拉底要知道的是：為什麼漂亮的小姐、美的母馬、美的豎琴和美的湯罐都是「美的」，它們的共通性質是什麼？之後希庇阿斯又嘗試了許多不同的定義，如「黃金是美的」、「美是一種幸福生活」等等，結果全被蘇格拉底駁斥掉了，最後只得到一個結論：「美是難的！」

綜觀整個對話，希庇阿斯始終無法弄懂蘇格拉底的意思，蘇格拉底問的其實是「**美本身**是什麼？」、「**美的定義**是什麼？」而希庇阿斯則回答「『美』表現在什麼東西上？」、「美的載體是什麼？」

美學小辭典

柏拉圖以「美」或「美感」（含藝術）為主題的對話錄有如下幾篇：《伊安》（論詩、靈感）、《理想國》卷二、卷三（美感和藝術教育）、卷十（論詩人、藝術）、《斐德若》（論愛、修辭術與辯證法）、《大希庇阿斯》（論美）、《會飲》（或譯《饗宴》，論愛與美）、《斐利布斯》（論美感）、《法律》（論文藝教育）。朱光潛先生曾以《柏拉圖文藝對話錄》為名，收譯上述各篇對話錄，並加上題解，（參見：柏拉圖著，朱光潛譯，《柏拉圖文藝對話錄》，人民文學出版社，一九六三年；這個譯本後來被收錄在《朱光潛全集》第十二卷：合肥，安徽教育出版社，一九八七年。）

大師語錄 只有天賦很好的人能夠認識並熱心追求美的事物。——德謨克利圖

「美」是什麼？

這兩個問題有何差別？「『美』本身是什麼？」以英語表示就是「what is beauty initself？」；而「『美』表現在什麼東西上？」以英語表示則為「what is the beautiful？」（美的人事物為何）。這兩個問句的關鍵在於兩個名詞的對比：beauty和「the beautiful」。前者是一個抽象名詞，表示性質；而後者（定冠詞＋名詞），在印歐語系中則表示是一個集合名詞[6]；前者可以譯為「美」（或「美本身」），而後者可以通譯為「美者」，泛指所有表現美的人事物。

回到〈大希庇阿斯〉來看。當蘇格拉底問「美（本身）是什麼？」之時，他是要希

圖1

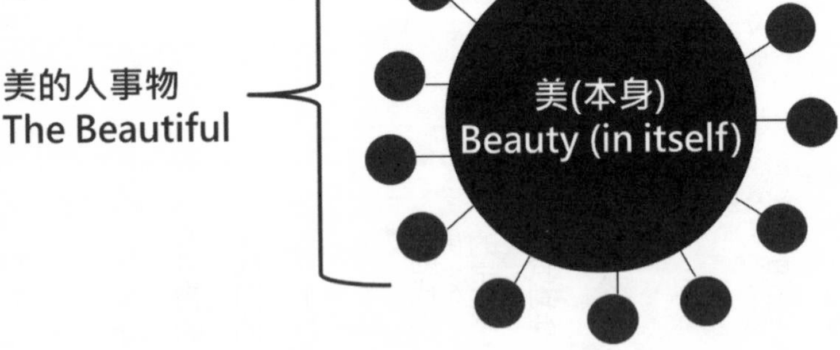

庇阿斯回答：當我們說某人很美、某物很美、某事很美之時，這「美」是什麼意思？某人、某物、某事有什麼共通之處，符合什麼標準，使得我們可以說他們（它們）是「美」的？但希庇阿斯卻不明白蘇格拉底的意思，他不懂蘇格拉底要問的是「美本身是什麼？」，反而回答「『美』表現在什麼東西上？」，一再地舉出「美」的事物的例子，因而沒有回答到蘇格拉底的問題。用句「邏輯」的話來說就是：蘇格拉底問的是什麼是美的「內涵」，而希庇阿斯回答的則是美的「外延」。讓我們以右頁圖1為例來說明。

圖1唯一的大圓代表「美本身」（beauty in itself），而外圍的許多小圓則代表「美者」（表現美的人事物）；蘇格拉底問的是那個大圓（「美」本身、「美」的定義）是什麼，而希庇阿斯（「美」本身、「美」的定義）是什麼？因而始終沒有回答到蘇格拉底的問題[7]。

「美感」是什麼？

在邏輯上要為美下一個定義，的確是很難的；也就是說「美」是很難「思考」的。但是這並不影響我們對美的感受能力。也許我們說不出「美本身是什麼？」但是

大師語錄 如果人生值得活，那只是為了注視美。——柏拉圖

我們仍然可以分辨、感受哪些東西美、哪些東西不美；也許我們可以這樣來理解〈大希庇阿斯〉：當我們說「美女」、「美景」、「美事」，這些「美的人事物」或「美的載體」之時，其實已預設了一種對「美」的標準（也就是美的定義），然後我們會用這個標準來衡量某些人事物是否為美。也許我們無法從學術（特別是「哲學」）的角度去定義「美」，但這並不影響在日常生活中我們對美的感受，因而不影響我們去欣賞美！而這種「對於美的感受」，我們可以稱之為「美感」[8]。

以賞梅為例[9]：「尋常一樣窗前月，才有梅花便不同！」我們看到梅花冰清玉潔的樣貌，心中會有一種「**異常的快適**」。這種快適和「收到匯票」之快適不同，因為它不是源自於利益之快感；這種快適也和「得到滿分」的快適不同，因為它不是一種成就感；這種快適也和「聽到下課鈴」、「下班」的快適不同，因為它不是一種從上課、上班的壓力下被釋放出來的解脫感；看到梅花的快適，是一種「美感」，而美感並不是上述的種種快感，雖然上述的種種快感和美感一樣，也都是一種「快適」。

「美學」是什麼？

關於美學的起源、發展和演變，在這章中只簡單作導論性的說明。

如上所述，感受美和思考美是兩件不同的事情，美感並不於美學；人人都有美感，人人都能審美，但未必人人都能「思考」、「研究」美，換言之，未必人人都從事美學活動。不過，一旦我們能從日常生活中的美感現象中進一步去思考諸如「美是什麼？」、「美有哪些類型？」等問題，我們就進入了美學的領域。

簡單地說，美學就是思考和研究「美」和「感」的學問。不過，它並不等同於美感教育（或「美育」）；美感教育是培養美感能力或涵養的學科，而美學的目的是思

美的「內含」與「外延」

如果我們用畫圈圈來比喻一個「概念」——以「美」為例，要界定「美是什麼」，就要先畫定一個圈圈，用以區別圈內和圈外。進入這個圈圈的「資格」或條件，我們就稱之為「內含」（intension, connotation）；「內含」指的就是「美」的條件和資格，或是指「美」這個概念含有哪些成分或要素；在圈圈之外的，就不屬於「美」。而所有滿足「美」這個概念內含的個體的全部範圍，我們就叫做「外延」（extension, denotation）；也就是說：「外延」指的是一個「類」或「概念」的成員（member）所散布的範圍。

大師語錄　美的事物，因其自身而值得追求。——亞里斯多德：

考和研究「美」和「感」；這兩門學科雖然不同，卻是密切相關的，美學研究是美感教育的基礎，而美感教育則是美學的實踐。美學注意的是對美感的研究和認知，而美感教育則著重在培養美感的能力。

雖然中文早就有「美」和「學」這兩個字，但卻沒有美學這個詞，因為美學這個詞是一直到西方近代才出現的。美學一詞是日本人對於德文「Ästhetik」的漢字翻譯。中文沿用美學這個譯名，來指稱那些對於美和感加以研究的學問。

美學這個名詞及這個學科是怎麼出現的呢？基本上，從西方古代的哲學家如柏拉圖、亞里斯多德或之前更早的思想家就已開始討論「美」、「藝術」[10]等問題[11]，但並沒有專門為討論「美」或「感性」的學科確定一個名字。直到一七三五年，哲學家鮑姆加通（Alexander GottlielBaumgarten, 1714-1762）寫了一本名為《詩的哲學沉思錄》（*Maditationesphilosophicae de nonnullisadpoemapertimentibus*）的書，美學這一學科的主要內容才出現。

在《詩的哲學沉思錄》裡，鮑姆加通首次提出了一個重要想法，那就是古典哲學只關心理性和可理解的事物，幾乎完全忽略了感性和可感知的事物；於是，他提出了建立一個新的哲學分支——「感性學」——的大膽設想。照他的看法，感性學就是

「詩的哲學」，它涉及的是「可感知的事物」，而非「可理解的事物」。隨著鮑姆加通的這個想法日趨成熟，他在一七五〇年出版了一部重要著作：《美學》（*aesthetica*；感性學）。從美學史來說，這個年份以及這本著作的意義非比尋常，鮑姆加通本是名不見經傳的哲學家，後來卻以「美學之父」的名望而蜚聲美學史；因為他是首位為美學正名、劃定了美學的邊界；為這門面目不清、位置模糊的學科奠定了堅實根基的哲學家[12]。

包姆加通所謂的美學，用的是拉丁文「aesthetica」，這個字源於希臘文的αισθητικός（aisthetikos），意思是「感覺」、「感性」，它是源自希臘文的動詞αισθάνομαι（aisthanomai），意為「我感覺」、「我知覺」。因此，美學原來的意思是指「感性學」或「研究感性的學問」，德文當時寫法是「Æsthetik」，後來則寫作「Ästhetik」或「Ästhetik」；其他歐語也是類似的拼法：法文是「esthétique」，英文則是「aesthetics」，義大利文是「estética」、西班牙和葡萄牙文則是「estética」，俄文則是「эстетика」（èstetika）。

日本人最早將此學門譯為「審美学」（森鷗外譯），現在比較通用的是「美学」（中江兆民譯），早期中文學界則有直譯為「伊斯特愓克」者，如今多半沿用日本人

大師語錄 美是那具有合適比例和誘人色彩的東西。——斯多葛學派

的譯名「美學」；而這門學問研究的範圍，就以「美」和「藝術」這些問題為主，成了我們今日所知的美學內容。必須注意的是，「美」在美學中並不是唯一的主題（雖然它是重要的主題），美學的內容還包括「藝術」、「愛」和其他感性相關議題。

本書內容與各章的關係

本書除了說明美學的歷史之外，當然也會介紹美學的主要議題。此處，透過一則故事來介紹本書各章的內容和其相應的美學議題。

某大學生A整天看著他女朋友的照片說：「我女朋友真是美得像仙女下凡呀！」他室友B聽了就說：「整天聽你說你女朋友多美多美，能不能讓我看一下她的照片，看看到底有多美！」

大學生A就把照片給室友B看，室友B看了就說：「真的！你女朋友真的是仙女下凡來的！只不過她下凡的時候，應該是臉部先著地吧！」

這個故事套用現在的流行語，有兩個「亮點」。

1. **美是具有主觀性的**。美的「主觀性」意思是說：每個人認為的「美」並不相同；你覺得美，我不一定覺得美；每個人都有自己的審美標準，因此也有自己的偏好，所謂「青菜蘿蔔各有所愛」；這也會涉及到所謂的「相對性」。但「主觀性」還有另一個意思，就是：你覺得美，那就是美了（至少對你個人而言），「情人眼底出西施」就是這個意思。在故事中，大學生A認為他女友美如天仙，而室友B則不認同，這就是關於「美的主觀性」之例證。

2. **美是具有某種標準的**。這個意思是說，「美」或「不美」自有一套標準。在故事中，大學生認為他女朋友很美，而室友B不認同，這是主觀性；他們兩人之所以會有不同的看法，是因為他們對美預設了不同的標準；對大學生A來說，女朋的臉孔已符合了「美」的標準（至於這個標準是什麼，在故事中看不出來），而室友B則認為不美，因為他認為大學生A的女友的五官太平了、不夠立體（所以他諷刺說她下凡時應該是臉部先著地[13]），所以不美。可見他隱含的標準是「五官要立體才美！」

關於「美是什麼？」的問題，不要說是這個故事，應該所有的故事都很難給出一個標準的答案；如果如上文的〈大希庇阿斯〉所得到的結論：「美是難的」，意思

大師語錄　一切人必須先變成神聖和美的，才能觀照神和美。——普羅提諾

是「關於什麼是美這個問題的答案，是很難有結論的。」我們還需要去討論「美是什麼？」這個問題嗎？

如果沒有標準答案，還需要討論「美是什麼」嗎？

我們簡單的回答是：對於「美是什麼？」這個問題，雖然很難有標準的答案，但並不代表我們找不到一個「令人滿意的」答案；也許我們找不到可以令所有人都接受的答案，但也許還是可以找到令大部分人都能接受的答案。既然如此，「美是什麼？」這個問題就還是有討論的必要。

話又說回來，不論我們討不討論「美是什麼？」，我們每個人都早已預設了對美的標準和看法，而影響我們生活中對一切事物的感受：我們的電腦桌面、上課上班時要穿的衣服和我們選用的飾品，在在都涉及到「美」和「感」，也顯露出每個人特殊的審美標準。不論我們學不學「美學」、問不問「什麼是美感」，我們的生活都脫離不了「美」，當然也脫離不了「感」，生活還是照常過下去；但是如果我們探問「什麼是美？」、「什麼是美感？」（也就是進行美學的探究），我們會對自己和別人隱含的審美標準有所自覺，這樣一來，我們並非不知不覺的進行一種「潛在」的美學生活，而是顯在的、明明白白的以美學來生活了。

以醫學為例：不論我們學不學醫學，我的器官還是一樣會進行醫學活動（如消化），我們吃到過期的食物還是會中毒；但是如果我們學習簡單的醫學，具備一些醫學常識，如果發生意外，我們就可以進行一些簡單的應用，如急救。不同的是，美學不像醫學（和其他的自然科學）一樣有標準答案，我們的應用不在於急救，而是觀察別人和反省自己所過的美感生活。

沒有標準答案的問題，才是人生最重要的問題

問題來了。既使我們承認，像「美是什麼？」這類沒有標準答案的問題，仍然具有討論的必要；但這也只限於學術界（特別是美學研究者），對於一般人來說，我們或許會疑惑：**「美是什麼？」這類沒有標準答案的問題重要嗎？**

我們的答案很另類！試想：電腦壞了，一定是哪裡有問題，一定有標準答案，只不過找不找得出來而已；同樣的，生病或水管不通也是如此。

上述問題，只要有標準答案，就可以「付錢」請「別人」來修理。但像「美是什麼？」這類問題（**因為這是個「哲學」問題**），沒有標準答案，就無法請別人代為處

大師語錄　崇高是偉大心靈的迴聲。——朗吉奴斯

理。有標準答案的問題，我們可以依照一套固定的程序來處理，任何人都可以處理，我們也可以請別人代勞。但是沒有標準答案的問題，只有自己能處理，因為每個人的問題就是他自己的問題，有自己的答案，因此，得自己去處理，他人無法插手。正因為「美」的問題是別人無法代勞的，所以它反而是人生最重要的問題之一，你得自己去觀察、反省、探索和體驗。

雖然沒有標準答案，但還是有主流的理論

雖然「美是什麼？」這個問題，並沒有標準的答案，但是在西方美學史中，卻有個理論嘗試要回答這個問題，而獲得大部分學者的認可，成為西方美學史上的主流理論長達兩千兩百年之久，那就是：美的「偉大理論」（The great theory of beauty）[14]。

這個理論主張：美包含在各部分的比例和安排之中；說得更精確一點，美包含在各部分的大小、性質、數目以及它們之間的相互關聯中。以建築為例，所謂的廊柱之美，就在於列柱之大小、數目和安排；音樂之美也和建築相同，只不過在建築那裡空間性的因素，在音樂中換成時間性的因素而已。我們現在常常聽到的「黃金比例」，就是偉大理論的其中一種。

這個偉大理論是由畢達哥拉斯學派所創立的，從西元前五世紀開始盛行到十七世紀，在這兩千兩百年間，它不斷的被補充和修正。十八世紀以後，由於大家對於美並沒有一個主流的、統一的觀點，於是偉大理論便日趨式微。十九世紀以後，「美」這個概念的變化趨勢，也和「藝術」概念的變化相符應：在十九世紀以前，藝術一定是「美」的藝術，可是十九世紀以後，藝術未必是「美」的藝術，卻一定是「創造性」（創意）的藝術。換言之，從前「美」是藝術的主流，而十九世紀以後，「創意」才是藝術之主流：藝術可以不美，但不能沒有創造性。

美學主要議題總覽

關於美學的重要議題，我們可以整理如下，不外如下六者[15]。

美

美（beauty）是美學中最重要的議題之一，舉凡美的概念、定義和理論、美的範疇（如「優美」、「崇高」等等）、客觀主義和主觀主義的爭論等等，都是美學中的

大師語錄　世界上沒有比友誼更美麗，更會令人愉快的東西了，沒有友誼，世界彷彿失去了太陽。——西塞羅

重要議題。關於這個議題，我們在DAY 2中會加以討論。

藝術

和美一樣，藝術（art）也是美學中最重要的議題之一，舉凡藝術的概念、定義和理論、藝術的分類（包含「詩」在藝術中地位之演變）等等，都是美學中的重要議題。關於這個議題，DAY 2和DAY 3中會討論。

美感經驗

在這個議題下，可以討論美感經驗（aesthetical experience）概念、定義和理論；一般所謂的美感經驗、美感態度和美感價值，也可以放在這個項目下討論[16]。關於這個議題，我們會在DAY 4中處理。

創造性（或創意）

在這個議題下，可以討論「創造性」（創意，creativity）的概念、定義和理論。和「創造」（或「創意」）概念重疊互涉的是「藝術」的議題；大體來說，十九世紀以後的藝術或許已不再是表現「美」的藝術，而是表現「創意」（含「個性」）的藝術。「創造性」（或創意）在當代的美學的重要性，甚至已超過「美」。關於這個議題我們會在DAY 5中討論。

模仿

模仿（mimesis）是創造的對立面。因此創造性（或創意）的問題，如果在當代美學中扮演重要的角色，那麼模仿自然也不可忽視。值得注意的是，在創造性還未在美學史中扮演重要角色之前，藝術的模仿面向（後來變化為「寫實主義」），一直都占有重要的地位。

形式[17]

形式（form）不論是和藝術一起討論，或者和美一起被討論，在西方美學史上都是重要的議題之一。形式一詞在西方美學史中，會因不同的哲學家和藝術家，而被賦與不同的含意，大體上有如下五種：一、作為各部分的排列（arrangement of parts）、二、直接呈現在感官之前的事物（what is directly given to the senses）、三、與質料相

大師語錄　只有美予人以快感，存在於美之中的是形象，存在形象之中的是比例，存在於比例中的是數目。——奧古斯丁

對、一個對象的界限或輪廓（the boundary or contour of an object）、四、亞里斯多德意義下的「形式」：對象之概念性本質（the conceptual essence of an object）、五、康德意義下的「形式」：人類心靈對於所知覺對象的貢獻（the contribution of the mind to the perceived object）。關於這個議題，本書將會在 DAY 4 中加以討論。

美學人物、學派與經典

當然，所有的**美學議題**，不是由**美學家個人**提出，就是由**某個美學學派**，透過某部**美學經典**提出來的，因此理解重要的美學家、美學學派和美學經典對於理解美學這一學科，也是必要的事情；這三者的關係，如圖 2 所示。我們將在 DAY 2 中介紹重要的美學家、美學學派和美學經典；此外我們還會在各章中，或者透過美學議題的討論，或者透過延伸閱讀的書目，來介紹重要的美學經典。

圖2

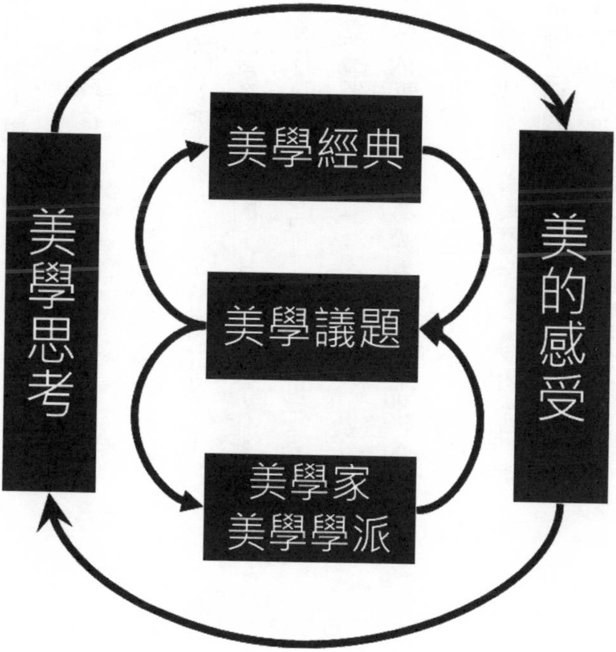

大師語錄　與其說某物因為我們愛它而美，不如說因為它美所以我們才愛它。——多瑪斯．阿奎那

其他可能：從「藝術家—藝術作品—觀眾」之間的關係來談美學

見多識廣的讀者或許會提出一個問題：除了以「美學議題」、「美學家和美學學派」和「美學經典」來介紹美學的方式，難道沒有其他的方式嗎？答案是：有的。比較典型的作法就是從「藝術家—藝術作品—觀眾」的三角關係來介紹美學（如圖3）：分別討論「藝術家—藝術品」的關係、「觀眾和藝術作品」的關係、「藝術家和觀眾」的關係；至於「美學議題」、「美學家和美學學派」、「美學經典」則打散在這個三角關係中（比如說，在「藝術家—藝術品」的部分討論創造力、靈感等議題）[18]。這樣的作法看似滴水不漏，然而會把美學

圖3

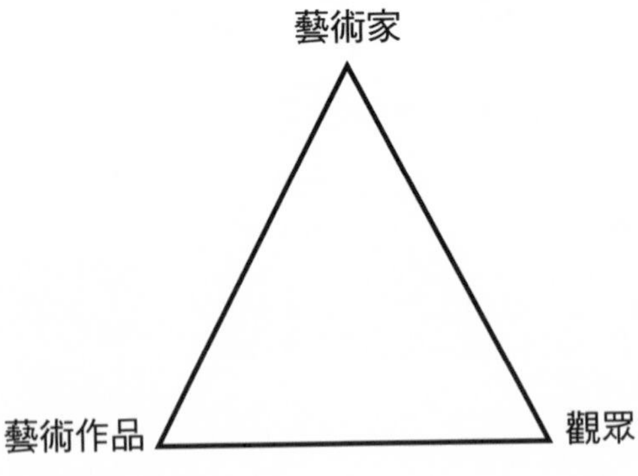

局限在藝術上，而忽略了美學也有藝術之外的議題（如自然美）；關於這個部分的詳細說明，可以參見本書 DAY 2 中有關「美學是否等於藝術哲學」的討論。

延伸閱讀與推薦影片

關於本章的內容，我們推薦幾本美學經典和幾部美學電影，給各位讀者做進一步的參考。

延伸閱讀：美學經典

一、柏拉圖，〈大希庇阿斯〉。本篇的對話主題是「論美」，作為美學的入門經典是最合適不過的；對話的難度其實不高（至少前半段是如此），初學者可以見識到蘇格拉底提問的功力。雖然最終沒有結論，而且後半段較難，但對於啟發美學思維，本對話錄是很有用的。

二、柏拉圖，〈會飲〉。本篇對話錄的主題是「愛」與「美」，是在一次聚會中，幾個朋友和蘇格拉底輪番提出對「愛」（也同時涉及「美」）的看法。著名的

大師語錄　沒有東西是絕對美的，美的東西只對某一個人顯得美。
——布魯諾

「另一半」的故事，即是源自這篇對參與此宴會的喜劇作家亞里斯多芬尼之口。這篇對話和柏拉圖的《理想國》一樣，算是柏拉圖最重要的對話錄之一；對話雖然很長，但是對話卻有許多引人入勝之處，算是深入淺出的對話錄。

如果可以，請各位讀者先去閱讀這兩篇對話錄，因為我們在DAY3、DAY4還會談到這些對話錄的其他部分。關於以上兩篇對話錄，目前的中文譯本有如下幾本：

1. 朱光潛的譯本，收錄在單行本的《柏拉圖文藝對話錄》或《朱光潛全集》第十二卷，關於這兩者詳細的出版資料，請參見本章的「美學專欄」或本書DAY6所附的參考書目。

2. 王曉朝的譯本，這兩篇對話錄，都收錄在《柏拉圖全集》第二卷，北京：人民出版社，二〇〇三年。

3. 劉曉楓的譯本，只有〈會飲〉一篇，但有詳細的注釋，見劉曉楓等譯，《柏拉圖的會飲》，北京：華夏，二〇〇三年。

推薦影片

我們可以用文字來談美學，也可以用圖像來談美學，更可以結合二者來談美學；結合二者來美學的方式，就是透過電影或更廣義的影片來談美學。

抽象地談論一個美學概念，不如透過故事（含寓言、比喻、笑話）來了解；這樣的理解會比較具體。然而，透過故事來理解，通常只能透過文字，這雖然有其不可取代的價值，但是如果結合聲音、影像來處理它，則會更加動態和立體。

也就是說，我們可以透過故事來將美學概念具體化，更可以進一步透過圖像聲音來將文字的故事動態化和立體化，這樣就能將美學概念用更為淺白的方式——具體、動態和立體的方式來理解。用這種方式將文字、圖像、聲音結合的媒體，就是電影；透過電影來談美學，有其獨特的優點，這也是為什麼本文要推薦電影來作為美學輔助媒介的理由。

「戀夏（500日）」（（500）Days of Summer, 2009），這部電影採用非線性敘事的方式，來講述了湯姆（Tom）和夏天（Summer）由相識、相戀到分手，共五百天的故事。和本章相關的主題是「愛與美」：第一天所說「美的競爭力」；此外，「愛」也和美學中的「感性」議題相關。

3分鐘 重點回顧

❶ 實用的功能，只能滿足我們對生活的基本要求，而追求「美感」，則可以讓我們的生活變得更美好。因此，美具有競爭力。

❷ 在日常生活中，美無處不在，美可以表現在各種人事物之上；感受到這點，可稱之為「美感」活動；而對這些日生活中這些表現美好人事物加以思考，去思索「什麼是美」，可稱之為「美學」思考。

❸ 對於「美」的感受是我們每天都在做的事，而對「美」的思考，則是要學習「美學」之後才得以開始。

❹「『美』本身是什麼？」以英語表示就是「what is beauty in itself?」而「『美』表現在什麼東西上？」以英語表示則是「what is the beautiful?」（美的人事物為何）。這兩個問句的關鍵在於兩個名詞的對比：beauty 和「the beautiful」。前者是一個抽象名詞，表示性質；而後者（定冠詞＋名詞），在印歐語系中則表示是一個集合名詞。

❺ 也許我們無法從學術（特別是哲學）的角度上去定義「美」，但這並不影響在日常生活中我們對美的感受，因而不影響我們去欣賞美！而這種「對於美的感受」，我們可以稱之為美感。

❻美學就是思考和研究「美」和「感」的學問。不過，它並不等同於美感教育（或美育）；美感教育是培養美感能力或涵養的學科，而美學的目的是思考和研究「美」和「感」。

❼美學一詞是日本人對於德文「Ästhetik」的漢字翻譯。中文沿用美學這個譯名來指稱那些對於美和感加以研究的學問。

❽包姆加通所謂的美學用的是拉丁文「aesthetica」，這個字源於希臘文的αισθητικός（aisthetikos），意思是「感覺」、「感性」。因此，美學原來的意思是指感性學或研究感性的學問。

❾早期中文學界則有直譯為「伊斯特惕克」者，如今多半沿用日本人的譯名美學一詞；而這門學問研究的範圍，後來就以美和藝術這些問題為主，成了我們今日所知的美學內容。

❿美在美學中並不是唯一的主題（雖然它是重要的主題），美學的內容還包括藝術、愛和其他感性相關議題。

本章注釋

1. 關於「戀夏500日」的介紹，請參考本章之「延伸閱讀與推薦影片」。
2. 這裡所謂的「美感」，涉及的不僅是外形是否「美麗」，也涉及到「感覺」、「感受」和「感觸」等等的「感性因素」；簡單地說，本書所使用的「美感」一詞，指的是「美」和「感」；詳見DAY 3。
3. 大部分人雖然未學過美學，偶爾也會進行美的思考，但是那只是靈光乍現，偶一為之的事情；只有學習美學，才能對美進行更全面性、系統性的思考。
4. 之所命名為「大希庇阿斯」，是因為這篇以「論美」為主題的對話錄篇幅較長，另有一篇同名的對話錄，主題為「故意為惡比無心為惡更好嗎？」，篇幅較短，通稱為「小希庇阿斯」。
5. 「智者」（Sophist；希臘文為「σοφιστής」，拉丁文為「sophistes」），常依脈絡之不同，在不同的書籍中被譯為「辯士」、「詭辯學派」。關於「智者」，可以參見張智皓，《今天學哲學了沒》（台北，商周，2013）頁53，「智者學派」的部分。
6. 參見W. Tatarkiewicz著，劉文潭譯，《西洋美學六大理念史》，台北：聯經，1989，頁141-142。這種區別在印歐語系中並不少見，以英文「rich」為例，抽象名詞「richness」指的是「富有」的性質，可以譯為「豐富性」、「富有性」等等，而「the rich」指的則是「富有的人」。在德語和法語中也有類似的用法：德文「Schönheit」、法文的「Beauté」，是抽象名詞，指的是「美」的性質；而德文的「das Schöne」、法文的「le beau」，則是集合名詞，指的是「美者」（美的人事物）。

7. 其實在對話錄的下半段，希庇阿斯已無能力回答蘇格拉底的問題了；為了讓美學思考繼續進行下去，蘇格拉底開始自己提出答案，再批判自己提出的答案。

8. 嚴格來說，「美感經驗」（aesthetic experience）所涉及的問題很複雜，可以單指我們對「美」的感受，也可以涉及到更為複雜的層面：我們對於「美」的認知結構。更嚴格地來說「美感的」（aesthetic）這個字，就其希臘文的字源來說，未必要限於對「美」的感受，可以泛指一般的「感受」，本書有時會依脈絡來使用「美感」一詞，有時專指對美的感受，有時則涉指一般的感受，但不論使用哪一種意思，都會在脈絡中加以說明。關於「美感經驗」的部分，請參見DAY 4的說明。

9. 這個例子來自：豐子愷，《藝術趣味》，長沙：湖南文藝出版社，2002，頁5；作者有略加修改。

10. 藝術也是美學的一個重要主題，因為藝術既涉及「美」，也涉及「感」。

11. 除了柏拉圖的幾篇對話錄有討論到美和藝術之外，亞里斯多德的《詩學》所討論的主題就是「詩的藝術」（以悲劇詩為主，喜劇詩部分目前已失傳）。

12. 周憲，《美學是什麼？》，北京：北京大學出版社，2002，頁13。

13. 當然室友B也有可能只是用「臉部先著地」來指涉「被毀容了！」從而告訴我們A的女友不符合「美」的標準；這時他還是預設了一個標準，只不過這個標準不一定是「五官立體才美」。

14. 參見W. Tatarkiewicz著，劉文潭譯，《西洋美學六大理念史》，頁145。台北：聯經，1989。

15. 上述的《西洋美學六大理念史》即以這六個概念為該書的論述內容，本章這一部分所概述的內容，乃是取材自該書的分類。

16. 要特別說明的是，相較於本書使用的「美感」，中國大陸學界更常使用「審美」；後者的「審」較具主動性，而本書的「感」則較具被動性，其實各有優劣，也各自成理；美感經驗到底是主動的還是被動的，也一直都是美學主要議題之一。

17. 關於「形式」的五種意思，參見《西洋美學六大理念史》，頁264-265；在本書DAY 4中也會加以討論。

18. 採用這種方式的有這本書：Dabney Townsend著，林逢棋譯，《美學概論》，台北：學富文化，2008。

Day 02 Tuesday

星期二

發展與演變

古代到中世紀的美學

研讀美學史可以讓我們了解各時代的美學大師和學派，他們主要的美學思想、美學經典、用什麼理論處理問題，以及處理方式評價如何等等。凡此種種，都在說明一件事：美學史的必要性。

美學經歷了什麼樣的發展與演變？——從古代到中世紀的美學

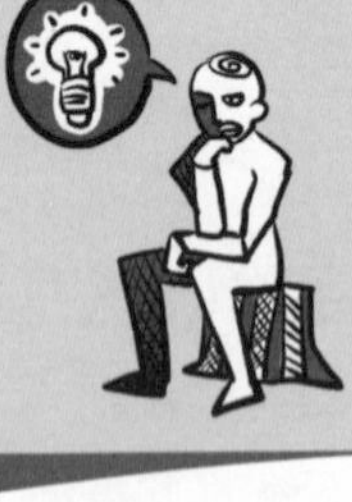

美學的內容與研究對象

美學研究主題與範圍

美學這門學問研究的範圍，顧名思義，是以「美」為主，但美並不是唯一的主題（雖然它是重要且最早的主題），它的內容還包括「感性」相關議題，其中最重要的是「藝術」。當然，藝術和美也有直接關聯。所以除了美之外，藝術可說幾乎是美學中最重要的主題，甚至在有些美學家的體系中，藝術比美更重要。其他的感性議題，或者依附在美、或者依附在藝術而被討論，例如，「愛」在柏拉圖的《會飲》裡，就是和美一起被討論的。

我們可以把美學研究的內容（主題）整理一下：它是美感之學，其內容與範圍包括「美」＋「感」兩大部分，分別說明如下。

‧美學作為「美」之學

作為美之學，美學的研究主題包含：美、醜、崇高（壯美）、美感經驗等等。美之下就有「自然美」、「藝術美」（這也是藝術的主題）；美的反面是醜；美（優美，beauty）的對比是「崇高」（壯美，sublime）。如果加上中國的分類，有所謂「充實之美」和「空靈之美」、「錯彩鏤金」之美和「初發芙蓉」之美。對柏拉圖來說，美只是人類在愛的活動中所追求的對象：在愛中，人們追求的是各種美：有的人愛的是「外在美」，有的人愛的是「內在美」。而追求美的活動，則是愛，因此把愛納入美學的範圍也有其道理。

大師語錄　美是那我不知道它是什麼的東西。——佩脫拉克

・美學作為「感」之學

作為感之學，美學的研究主題包含：藝術、美感經驗和其他感性活動等主題。藝術不僅是美之學的主題，也同樣在感之學占有重要的地位。跟藝術相關的主題，都在美學的探討之列，如藝術美、藝術醜（滑稽）、創造、模仿、各種藝術理論、形式、美感經驗等等。此外，跟感性相關的主題，也可以放在美學作為感之學的討論行列裡，如愛。

我們可以發現有幾個主題，是不論作為美之學或感之學都會涉及的：藝術美、美感經驗和愛。當然愛是否是美學的主題見仁見智，但如果就「美學＝美＋感之學」的意義來說，愛確實也可視作美學的主題之一。

這裡有個附帶但很重要的主題必須討論：美學與藝術哲學（philosophy of art）的關係。這個問題起始於美學與藝術的關係，我們可以透過下面幾個角度來思考。

・美學一定要研究藝術嗎？

從西方美學的歷史來說，「藝術」向來都是美學的重要主題，但並非全部；除了藝術之外，美學還研究其他的主題，如上面「美學作為美之學」所談的自然美、崇高

（壯美）、美感經驗（**美感經驗不一定非得透過「藝術」才能得到，自然美也可以讓我們獲得美感**）。

・藝術只表現「美」嗎？

藝術所表現的美，我們稱之為「藝術美」，以別於自然所表現的美（自然美）。藝術除了表現美之外，也表現醜（如喜劇中的滑稽）和創意（十九世紀以後的藝術）。一般的看法是十九世紀以前的藝術，是美的藝術，十九世紀以後，藝術就不一定表現美了。

理解了以上兩點，我們回到原來的問題：美學與藝術哲學有什麼區別？如果美學是哲學的一個部門，而這個部門的重要主題之一就是藝術，那這與專門研究藝術的藝術哲學有什麼區別呢？

簡單的回答是：對許多哲學家（特別是黑格爾）來說，美學等同於藝術哲學，因為美學研究的美是藝術美（黑格爾的美學不研究自然美），而藝術哲學也研究藝術美，所以美學等於藝術哲學之同義語。

但是也有反對美學等於藝術哲學的主張，理由如下：首先，美學所研究的不是只

大師語錄 我看見了大理石裡面的天使，於是我雕刻，直到讓他自由。——米開朗基羅

有藝術美，也應研究自然美，而藝術哲學只研究藝術美，所以美學不等於藝術哲學。其次，藝術哲學研究的不只是美（藝術美）、也包含醜（藝術醜，如喜劇中之丑角行為），因此，藝術哲學不等於美學。

但是，不論美學是否等同於藝術哲學，至少藝術美是兩者共同的研究主題。自然美如果指的是自然事物所表現出來的美，那麼藝術美則是透過人為的力量在各種藝術活動中所顯現的美。這種透過藝術而展現的美，在十九世紀以前，一直都是藝術的主要部分，可以說是一種美的藝術。十九世紀以後的藝術，就未必是表現美，而是表現創意了。因此，我們可能會認為有些當代藝術不美，但我們不能說這些藝術沒有創意。之所以如此，是因為它們不是要表現美感，而是要表現藝術家的創意或創造力。

如 DAY 1 所說，美學所研究的主題，不是由**美學家個人**提出，就是由某個**美學學派**，透過某部**美學經典**提出的，因此理解重要的美學家、美學學派和美學經典，對於理解美學這一學科，也是必要的事情；我們將在下一節中，介紹重要的美學家、美學學派和美學經典。

美學的歷史[1]

了解美學史的必要性

如果我們想了解一個人，是不是只要知道他的名字、生日、工作和行事風格，這樣就夠了嗎？答案很簡單：當然不夠。我們還要了解這個人曾經做過什麼事，有什麼興趣，別人對他的評價等等。想了解美學這門學問，光是知道它的名字、何時出現、處理什麼問題，這樣還不夠，還要知道它的歷史發展，諸美學家對什麼問題有興趣，別人對它們的評價等等，這樣的理解才會比較全面。

研讀美學史可以讓我們了解各個時代的美學大師和學派，他們主要的美學思想、美學經典、用什麼理論處理問題，其處理方式的評價如何等等。以上種種，旨在說明學習美學史的必要性。我們也可以用朱光潛先生的這段話作為印證：「**學美學不能不學美學史，正如植物學家研究一棵樹的形態，不能不研究它的發生和進化的過程一樣，也正如社會科學家研究當前的社會，不能不研究過去社會發展史一樣。**[2]」

大師語錄　欣賞，這就是為著一件事物本身而愛好它，不為旁的理由。——達文西

古代美學

美學在西方一開始就是哲學的一個部門。希臘文藝在了西元五世紀前後在雅典達到了黃金時代，即所謂的伯里克斯（Perikles, 495 BC-429 BC）時代。此時，希臘文化由傳統思想轉向自由批判，由文藝時代轉變為哲學時代；哲學日益獲得重視，一系列的卓越哲學家也相繼出現。

民主運動促成了辯論的風氣。掌握知識和辯論的本領，成了爭權奪利的必備條件，於是就有詭辯學派的誕生。批判和辯證的風氣是由他們所煽起的（由自然關心到社會，也是他們的功勞）。由於海外通商頻繁，外來的文化也激發了哲學思考。

哲學家們既然要注意社會問題，就勢必得關心文藝問題。文藝發展本身要求理論性的概括，就勢必得注意到美學問題。希臘美學思想源於畢達哥拉斯、赫拉克利特、德謨克利圖、蘇格拉底以及普羅提諾等人，而極盛於柏拉圖、亞里斯多德，以下分述之。

畢達哥拉斯及其學派[3]

畢達哥拉斯派盛行於公元六世紀，屬於先蘇[4]自然哲學家。這個學派認為萬物的根本是「數」，此觀點也影響他們對於美的看法。畢氏認為美就是和諧與比例，（參見DAY 4）。他們還把音樂中和諧的原理推廣到建築、雕刻等其他藝術，探求什麼樣數量的比例才會產生美的效果，並得出一些經驗性的規範。這種偏重形式的探討，是後來美學裡形式主義的萌芽。他們把天體看成球體，認為那是最美的形體。值得注意的是，他們把整個自然界看成是美學的對象，並不限於藝術（亦即，他們也討論自然美）。

數量與美感

畢氏認為各種不同數量的比例會產生不同的美，以音樂為例：聲音方面「質」的差別，是由發音體方面「量」（數量）的差別所決定的，如琴弦長，聲音就長；震動的次數多，聲音就高；音樂的長短高低不同的音調，都是依照數量的比例所組長的，如第八音程是1：2，第四音程是3：4等等。

大師語錄　當美符合於我們與生俱來的美感觀念時，它便打動了我們。——費啟諾畢達哥拉斯還注意到藝術對人的影響。他們認為人體就像天體，都由數和和諧的原則統治著。人有內在的和諧，碰到外在的和諧，能夠互相感應，所以欣然契合。因此，人才能愛美和欣賞藝術。

赫拉克利特

赫拉克利特（Heraclitus, 535 BC-475 BC）的重要著作《論自然》現在僅剩殘篇，其中直接涉及美學的部分不多。畢達哥拉斯側重對立的和諧，赫拉克利特則側重於對立的鬥爭。他說的很明確：「**差異的東西相會合，從不同的因素產生最美的和諧，一切都起於鬥爭。**」他認為一切都在變動中，像流水一樣，沒有人能在同一條河流插足兩次。這雖是一般的哲學觀，對於美卻有重大意義。如果接受了赫拉克利特的看法，美就不是絕對永恆的。他曾說：「**比起人來，最美的猴子也還是醜的。**」這就是美的相對性的一句最簡短也最形象化的說明。

德謨克利圖

德謨克利圖（Democritus, 460 BC-370 BC）是原子論的創始人。據傳，他寫過

《節奏與和諧》、《論音樂》、《論詩的美》、《論繪畫》等有關美學的著作，可惜全部都失傳了。從現有的斷簡殘篇和同代人的記述來看，他比前人更注意美和藝術現象的社會性質。他說：「**身體的美，若不與聰明才智相結合，是某種動物的東西**」[5]「**只有天賦好的人能夠認識並熱心追求美的事物。**」「**大的快樂來自對美的作品的瞻仰。**」從這些言論可以看出，他把追求美看成是人類的特點之一，熱情肯定了美的創造和欣賞，認為美感判斷關係到人的品質，要求快感必須高尚，這些都是前人未說到的。

他也是最早表述模仿理論的人之一。他認為藝術的起源就是對動物行為的模仿，是最早的藝術起源論。但他並沒有只停在用模仿來解釋起源論。根據第歐根尼的轉述，他認為「藝術既不是起於雅典娜，也不是起源於別的神：一切藝術都是逐漸地由需要和環境產生的。」

在美的問題上，德氏繼承了畢氏傳統，認為美在於對稱、合度、和諧等數量關係。他尤其注意尺度問題：「**如果把尺度提高，那麼就連最美的也會變成最醜的。**」

智者

如果說，早期希臘美學以自然哲學為主要的組成部分，那麼從德謨克利圖和智者

大師語錄　只有真才美，只有真可愛，真應統治一切，寓言也不例外。——布瓦洛

（sophist）們開始，美學就從自然哲學逐漸轉向社會問題。

西元前五世紀中葉，在雅典城邦出現了一批以傳授知識和辯論為業的人，史稱他們為智者派或詭辯學派。主要代表人物為普羅塔哥拉斯（Protagoras, c. 490 BC-c. 420 BC）、高爾其亞斯（Gorgias, c. 485 BC-c. 380 BC）等人。智者派的特色為相對主義和主觀主義；把自然哲學轉向對人和社會的研究。

美學也建立在主觀主義和相對主義上。他們認為美和藝術完全是相對的，取決於人的主觀感覺。智者派還用愉悅或快感等感受，給美下了個有名的定義：「美是通過視聽給人以愉悅的東西」。這是一種享樂主義和感官主義的表達，在美學史上產生了長久的影響。

值得特別注意的，還有高爾吉亞的藝術幻覺論，在《海倫的辯護》中，他把藝術的本質歸結為幻覺或欺騙，認為世界上的一切事物都可以用語言來表達；言語可以使聽者相信任何事情，包括不存在的事物在內。它具有一種非凡的魔力，能把靈魂引入一種幻覺狀態，從而使人產生快樂、悲傷、憐憫、恐懼等等。他的幻覺論最早提出了藝術與幻覺的關係，這一理論涉及到藝術與現實、虛構與真實、創作與欣賞，體驗與表現等許多重大的美學問題。可惜藝術幻覺論在希臘沒能占領主導地位，直到十九世紀後半葉以後，才為人們高度重視，並且在現代美學中得到發展。

蘇格拉底

蘇格拉底（Socrates, c. 470 BC-399 BC）沒有留下任何一部著作。關於他的美學，主要的文獻是其門徒色諾芬的《追思錄》（*memorabilia*）和柏拉圖早期所寫的幾篇對話錄。蘇氏標誌著美學思想一個很大的轉變。此前的自然哲學家們（畢達哥拉斯、赫拉克利圖和德謨克利圖）都用自然哲學的觀點去看美學問題，從蘇格拉底開始，才從人文社會科學的角度看問題。他把美和效用聯繫起來看，美必定就是有用的，衡量美的標準就是效用，有用就美。所以美不能說完全在事物本身（比如形狀、結構等），也與對人有用無用有關（也就是「美＝善」）。

柏拉圖[6]

柏拉圖（Plato, c. 428 BC-c. 347 BC）的美學思想主要表現在他的《對話錄》裡，較為集中處理美學問題的對話錄有幾篇[7]；其他對話錄也零星地討論一些美學問題。柏拉圖的美學思想，約略可以整理為如下三點。

大師語錄　如果不保持一定程度的陌生感，就不會有出類拔萃的美。——培根

・藝術和真實的關係：藝術和真實有隔閡

這個看法是以柏拉圖的「理型論」[8]為基礎的，柏拉圖認為透過感官接觸到的現實世界，並不是最真實的世界，只有透過理性把握到的才是真實的世界，現實世界只是「理型」的摹本。現實世界是「外表」（appearance）、「看起來如此」（appear as）的世界，而「理型」才是「真實」（real）的世界。現實世界是透過感官「看起來」的世界，而真實世界則是要透過「理性」（思想）才能掌握到的「理型世界」。

這個看法也表現在柏拉圖的美學上：柏拉圖在《理想國》第十卷中舉了個例子，大意是：有三種床。第一種是床的理型，這是上帝心中的床；第二種是現實世界中的床，這是工匠造出的床，他要模仿第一種床（即床的理型）才造得出現實的床來；第三種則是藝術中的床，這是畫家所畫的床，他要模仿工匠造出的現實床才畫得出來。第三種床模仿第二種床，而第二種床模仿第一種床；也就是說藝術模仿現實世界，而現實世界則模仿理型界。床的理型，是永恆的、普遍的，是所有的床所從出的根源，它才是最真實的；工匠造的床，雖然是模仿床的理型，但只模仿得床的理型的一部分，沒有永恆性和普遍性，只是「摹本」或「幻相」；而畫家畫的床，是根據工匠做的床畫出來的，只模仿到床的外形，沒有功能，所以更不真實，只能算是「摹本的摹本」、「影子的影子」，「和真實隔著三層」。藝術依存現實世界，現實世界依存理型世界，但理型世界卻不依存這兩種世界。就藝術與真實的關係來說，現實美高於藝術美，而美本身（理型、真實）則又高於現實美[9]，因此才說藝術「和真實隔著三層」[10]，代表藝術和真實有隔閡。

・藝術的教育功能：鼓動感性和提供壞榜樣

認為「藝術和真實有隔閡」，這是從「哲學」（特別是「存有論」）的觀點來看；若是從藝術的社會功能、社會責任來看，則又是「教育學」的問題。柏拉圖在《理想國》第二卷的結尾和第三卷的大部分篇幅裡（在卷十又重申一次）說，要把敘事詩人和戲劇作家逐出理想城邦之外；柏拉圖不是不愛這些作品，或不懂它們的價值，反而是因為他深刻知道這些文藝作品的影響力有多大。因為它們會引動人的情感，使頭腦簡單的人容易上當。他也反對詩人把諸神描繪得和凡人一樣，做出各種惡劣行徑，這會成為城邦裡青年人的壞榜樣。嚴格來說，柏拉圖並不是禁止所有的藝文作品：敘事詩和戲劇詩當然是受到禁止，但是抒情詩在當局嚴格的指導下，可以准許。

大師語錄　當我們近距離看時，許多原以為美的，其實是醜的。——史賓諾莎

・文藝創作的原動力：靈感

藝術創作是從哪裡來的？詩人憑什麼創作出偉大的詩篇？柏拉圖給的答案是：「靈感」。柏拉圖在《伊安》中討論詩人靈感的問題，結論是「靈感是神靈憑附」；而在《斐德若》則透過「迷狂」來談「詩的迷狂」（即靈感），結論也同樣是「神靈憑附」，但說明的更加明確：神靈指的是天神繆思姊妹們。在這篇對話論中，他還把迷狂和靈魂的輪迴結合起來。

當然許多論者都針對柏拉圖的靈感論加以批評，說神靈憑附說否定了人本身的創造活動；也許有部分的確是如此，然而不論在《伊安》或《斐德若》，都在說明光憑理智是無法創作文藝的，而且也說明了（特別是《伊安》）：文藝創作不是一種「技術」[11]，因此不是一種「知識」，它沒有規則，所以無法傳授；既然不是技術，所以詩在當時不被認為是我們今天意義下的藝術；因為我們所認為的藝術，在當時都是技術。這點在藝術的分類史中相當重要，是他的靈感說中不可忽視的重點。

上文的兩點「真實」和「禁止詩人」表現了柏拉圖對於藝術比較負面的看法，下面將說明他的學生亞里斯多德（Aristotle, 384 BC-322 BC）如何克服這兩個問題。

亞里斯多德

關於亞里斯多德和美學的關係，可以透過他和老師柏拉圖的不同來理解。柏拉圖對藝術的評價不高，因為，他認為藝術遠離真實而且鼓動感性。亞里斯多德的藝術理論（特別是悲劇理論），正好可以看成是對柏拉圖以上兩點主張的反駁。

・關於美的理論

亞里斯多德並不像柏拉圖那樣，有專門論述美的著作，而是散見在各處的，不過，他對於藝術反而有集中的論述。這並不是說，他沒有關於美的理論；相反地，他不但有關於美的理論，而且還是其藝術理論的基礎。

亞里斯多德並不像柏拉圖那樣，在超越的世界中尋找「美」的理型，而是在現實世界和具體事物中去尋求美和藝術的本質。在《形上學》中，他認為美不是理型，美只存在於具體的美之事物中，取決於客觀事物的屬性，那就是：體積大小適中和各組成部分之間有機的和諧統一。他還認為，「美的主要形式是秩序、勻稱、明確」。在他其他的著作中，他還從體積、安排、規模、比例、整一等各方面來談「美的形

大師語錄 真正的美起於完善，貌似的美起於貌似的完善。
——吳爾夫

式」，從這裡可以看出畢達哥拉斯學派的「美在於和諧與比例」對他的影響。他的藝術理論也是以這個原則為基礎。在談論情節長短時，他說：「無論是活的動物，還是任何由部分組成的整體，若要顯得美，就必須符合以下兩個條件，即不僅本體各部分的排列要適當，而且要有一定的、不是得之於偶然的體積，因為美取決於體積和順序……所以，就像軀體和動物應有一定的長度一樣——以能被不費事地一覽全貌為宜，情節也應有適當的長度——以能被不費事地記住為宜[12]。」

・關於藝術的理論

亞里斯多德的藝術集中在《詩學》和《修辭學》，尤以《詩學》影響為大。《詩學》討論的內容是悲劇和喜劇，可惜討論喜劇的部分已經失傳。不過，單就《詩學》流傳下來討論悲劇的部分，就足以讓亞里斯多德的文藝思想影響歐洲兩千多年了。

・對於藝術的新詮釋：試圖回答柏拉圖的問題

在藝術理論方面，亞里斯多德也和柏拉圖一樣主張「模仿論」，但在許多重要的方面，他與柏拉圖的藝術觀有著根本的差異。我們可以將他的藝術理論視為是要反駁柏拉圖在《理想國》中對藝術的兩項指控：遠離真實和鼓動情緒。

藝術遠離真實

亞里斯多德雖然認為藝術的本質是在模仿，然而他所說的模仿，並不是依樣畫葫蘆地再現外物，而是加上藝術家自己的主動建構，類似今日的創造（雖然希臘當時並無此概念）[13]。無論如何，亞里斯多德的模仿概念與柏拉圖相當不同。在《詩學》第九章，亞里斯多德比較詩（指戲劇，甚或更廣義的文藝）和歷史：

> 詩人的職責不在於描述已經發生的事，而在於描述可能發生的事，即根據可然或必然的原則可能發生的事。歷史學家和詩人的區別不在於是否用格律文寫作（希羅多德作品可以被改寫成格律文，但仍然是一種歷史，用不用格律不會改變這一點），而在於前者記述已經發生的事，後者描述可能發生的事。所以，詩是一種比歷史更富哲學性、更嚴肅的藝術，因為詩傾向於表現帶普遍性的事，而歷史卻傾向於記載具體事件。所謂「帶普遍性的事」，指根據可然或必然的原則，某一類人可能會說的話或會做的事——詩要表現的就是這種普遍性，雖然其中的人物都有名字。所謂「具體事

大師語錄 美、漂亮、好看，這些都絕不在物體本身而在形式或是造成形式的力量。——夏夫茲博里

件」指阿爾基比阿得斯做過或遭遇過的事[14]。

我們可以這樣來詮釋：歷史描述已發生的事，所以它只實現了一種可能性；但詩（戲劇）是描述「可能」[15]發生的事，可以不局限在已發生的事，因此可以實現無限的可能性；現實的人生或歷史只有一種，未必符合我們內心的期望，而有多少種戲劇就能實現多少種可能性。就這個意義來說，它比歷史更為普遍，因而更富哲學性。此外，在《詩學》第二十五章，他談到詩人的模仿有三種方式：照事物本來的樣子去模仿、照事物為人們所說的樣子去模仿、照事物應當有的樣子去模仿。第一種模仿是忠實的模仿，第二種模仿指的是神話傳說，第三種模仿則是指事物的內在規律，如可然律與必然律。亞里斯多德最推崇第三種模仿，而柏拉圖所認定藝術的模仿是第一種模仿；如果藝術只是這種模仿，那當然會遠離真實，因為摹本本來就比不上原本，何況是「摹本的摹本」；但是亞里斯多德認為真正的模仿，其實是第三種，它不是只有再現，還有「創造」；所以亞里斯多德才說：「**做詩的需要，作品應高於原型，以及一般人的觀點。**[16]」這算是回答了柏拉圖的問題：真正的模仿，不會低於原本，所以不會遠離真實；真正的模仿反而高於原本，體現「真實」。

藝術鼓動情緒

至於柏拉圖的第二點質疑，即藝術會鼓動情緒，是因為柏拉圖相信情慾與快感是有害的，會破壞人的理性。而亞里斯多德則認為：追求快感的滿足是人的天性，快感是正常現象，不是種惡，不應該壓抑。文藝理應引起快感，使人喜愛，並得到美感的滿足，這對社會不但無害，還能促使人得到健康和諧的發展。柏拉圖認為藝術引起的快感造成傷風敗俗，因為藝術迎合人的情慾，滿足人最卑劣的情緒。例如，悲劇為了使觀眾得到快感，總是盡量滿足人們遇到災禍時要痛哭、傾訴的傾向，他認為這種自然傾向就是「感傷癖」或「哀憐癖」，說悲劇就是拿別人的災禍來滋養自己的哀憐癖，等到親臨災禍時，哀憐癖就不受理性控制，就不能沉著、鎮定和勇敢。亞里斯多德反對這種觀點，他認為悲劇的目的就是要把人們的「憐憫」和「恐懼」這兩種情感引發出來，然後再「淨化」它們。在《詩學》中，他建構這個悲劇理論的「淨化說」，可以看成是對柏拉圖的反駁。

大師語錄 最能打動心靈的還是美。美立刻在想像裡滲透一種內在欣喜和滿足。——愛迪生

・悲劇理論

在《詩學》第六章，亞里斯多德給悲劇的定義是：「**悲劇是對一個嚴肅、完整、有一定長度的行動的摹仿，它的媒介是經過『裝飾』的語言，以不同的形式分別被用於劇的不同部分，它的摹仿方式是借助人物的行動，而不是敘述，通過引發憐憫和恐懼使這些情感得到疏泄（淨化）。**」[17]

這個定義的談到了悲戲的整體形式（「形式因」：整個定義本身）、媒介（「質料因」：經裝飾的語言）和目的或效用（「目的因」：引發憐憫和恐懼之情而淨化之）[18]，這裡沒有提到「動力因」，因為悲劇的動力因，就是其創作者（詩人）[19]。他指出，悲劇含有六個成分：「**作為一個整體，悲劇必須包括如下六個決定其性質的成分：即情節、性格、言語、思想、戲景和唱段，其中兩個指摹仿的媒介，一個指摹仿的方式，另三個為摹仿的對象。**[20]」摹仿的媒介指的是言語和唱段，摹仿的方式指的是戲景，摹仿的對象指的是情節、性格和思想。而在這六個成分中，最重要的是情節，也就是事件的安排。

延續模仿論的觀點，亞里斯多德認為悲劇是行動的模仿，而不是模仿人的性格與思想——悲劇的目的在於組織情節、模仿行動，通過行動才能表現人物的性格與思想。而模仿哪一種人呢？亞里斯多德認為：「**悲劇和喜劇的不同也見之於這一點上：喜劇，傾向於表現比今天的人差的人，悲劇則傾向於表現比今天的人好的人。**[21]」

至於情節的安排，亞里斯多德認為情節應當完整，需要具有起始、中段、結尾的有機結構，在情節的安排上也必須排除偶然與不合理之處，那些可有可無、與整體無關的劇情，就應該刪除，這樣結構才會嚴謹。

我們總結一下亞里斯多德在美學史上的地位：亞里斯多德一方面整合了在他之前所有希臘美學思想家的要點，加以繼承和批判，並且建構自己的體系；而在啟後方面，亞里斯多德的《詩學》迄今仍然是文藝理論領域必讀的經典，堪稱是美學史上最重要的人物之一。

賀拉斯

賀拉斯（Horatius, 65 BC-8 AC）生在羅馬文學的黃金時代（即所謂奧古斯都時代），是諷刺詩人和抒情詩人，與維吉爾和瓦留斯兩位大詩人同時。主要的美學著作是《論詩藝》，其中創見不多，但代表了當時流行的一些文藝信條。內容分為三部分：第一部分泛論詩的題材、布局、風格、語言和音律以及其它技巧問題；第二部分

大師語錄　對事物的美感是天生的，先於一切習俗、教育或典範。
——哈奇生

討論詩的種類，主要講戲劇體詩，特別是悲劇；第三部分討論詩人的天才和藝術，以及批評和修改的重要性。這三個部分的思想層次往往很零亂，儘管作者再三強調詩文要講究層次布局，然而，就性質來說，這篇作品與其說是理論的探討，不如說是創作的方劑。

在詩的功用問題上，賀拉斯的看法對於後人的影響比較大。賀拉斯認為詩有教益和娛樂的兩重功用，本來他沒有提出什麼新的東西，不過他說得比前人更為簡潔明確：「**詩人的目的在給人教益，或供人娛樂，或是把愉快的和有益的東西結合在一起。**」這就成為一個公式，被後來的文藝復興和新古典主義時代的文藝理論家們反覆援引、討論。

《論詩藝》對後世最大的影響在於古典主義的建立。賀拉斯勸告庇梭父子說：「**你們須勤學希臘典範，日夜不輟**」。這句勸告成為新古典主義運動中一個鮮明的口號。強調古典文化的繼承，原有其積極的一面，但若不建立在批判的基礎上，繼承勢必會流於保守。這表現在賀拉斯所建立的一系列教條上。首先是文藝選材的問題，賀拉斯雖然承認選材可以「謹遵傳統」，也可以獨創，但是在這兩種途徑之中，沿用舊題材是比較穩妥的。

其次是關於處理題材的方式，賀拉斯的看法基本上也是保守的。連詩的格律，賀拉斯也主張拉丁詩應該沿用希臘詩的格律，儘管這兩種語言在音調上有很大的分別。但是，賀拉斯不反對詩人運用日常生活中的詞彙，甚至不反對鑄造新字來表示新事物。他把新字叫做「帶有時代烙印的字」。

賀拉斯強調摹仿古典，但也反對生搬硬套，或是「逐句逐字的翻譯」。

根據古典主義者的看法，詩所必不可少的品質是什麼？賀拉斯的回答是「合式」（decorum）或「妥貼得體」。合式這個概念是貫串《論詩藝》的一條主軸。根據這個概念，一切都要做到恰如其分，讓人感到完美，沒有什麼不妥當之處。這主要是對於藝術形式技巧的要求。亞理斯多德在《詩學》和《修詞學》裡已一再涉及這個概念，但是並沒有特別強調。到了羅馬時代，合式就發展成為文藝中涵蓋一切的美德。

合式這個概念首先要求文藝作品首尾融貫一致，成為有機整體。有機整體也是亞理斯多德在《詩學》裡特別強調的，不過他是專就作品的內在邏輯和結構來說的。賀拉斯進一步把整體概念推廣到人物性格方面：「**如果你把前人沒有用過的題材搬上舞臺，敢於創造新人物，就必須使他在收場時和初出場時一樣，前後完全一致。**」

根據「合式」的概念，賀拉斯替戲劇制定了一些「法則」，例如每個劇本「應該

大師語錄　崇高是引起驚羨的，它總是在一些巨大的可怕事物上面見出。——柏克

包括五幕，不多也不少」；每場裡「不宜有第四個角色出來說話」；醜惡兇殺的情節只宜透過口頭敘述，不宜在台上表演等等。這些「法則」大半來自當時的戲劇實踐，原來各有其理由，不過賀拉斯有把它們定成死板規律的傾向，這對於後來西方戲劇的發展有時成了一種束縛。

《論詩藝》對於西方文藝影響之大，僅次於亞理斯多德的《詩學》，有時甚至還超過了它。這對於許多讀過《論詩藝》而感覺它平凡枯燥的人而言不免疑惑：賀拉斯為何具有那麼大的影響力呢？其實，他的成就主要在於他奠定了古典主義的理想。他把他所理解的古典作品中最好的品質和經驗教訓總結出來，用最簡潔雋永的語言把這些總結銘刻在四百幾十行的「短詩」裡，替後來歐洲文藝指出一條格調雖不高，卻平易近人、通達可行的道路。這並不是一件可被輕忽的工作，他的成功並不是僥倖的。

普洛提諾

普洛提諾（Plotinus, 204-270）是古代和中世紀交界的人。他是新柏拉圖主義哲學的創立者、中世紀宗教神祕主義始祖、也是美學史上第一位將美與藝術連結在一起的人。其著作均由其弟子 Porphyry 編纂成冊，共五十四篇文章，編成六卷，每卷有九章，故稱為《九章集》（*Enneads*）。關於美學方面的論述則集中在他第一卷第六章《論美》，以及第五卷第八章《論理性美》。

他的核心思想是「流出說」（**Emanation**），也就是宇宙萬物的本源是「太一」（**the One**），就是「神」。神就像太陽一樣，光芒四射，整個世界的產生，就是太一或神之光照流溢出來的結果；但神不會因為這種流溢而減損其光。這種世界生成的「流出說」，和基督教「無中生有」的創造說並不相同。

從太一最初流出的是「叡智」（**Nous**），它並不在時空之內，是超感覺的存在；這是純粹的理智、精神或思想，類似於柏拉圖的理型。其次，從叡智流溢出「靈魂」（世界魂），不具形體又不可分，是感覺界和叡智界的接觸點；世界魂又在個人的存在中流出個體靈魂。最後流出的物質世界，它不具空間上的規定，乃是一片虛無。物質的最大功能是承受「形式」的規定而成為個別事物，有如一面鏡子，因受叡智的照射，在鏡面反映而為萬事萬物。普羅提諾接受新畢達哥拉斯派的主張，將物質視為「惡之原理」，太一是善，物質等於「善的缺乏」，所以醜惡黑暗[22]。

透過上述流出說的哲學理論，普羅提諾對美作了分析[23]。他說美主要訴諸視覺，就詩歌和音樂來說，也訴諸聽覺。但美在於從感覺世界逐漸上昇到心靈，所以有美的

大師語錄　在繪畫中，使人物畫顯得更美的，並不是那明亮的色彩，而是傑出的素描！——提香

生活、美的行為、美的性格、美的學問，以及道德品質的美。這裡當然有著柏拉圖《會飲》的影子。

對於畢達哥拉斯以來的「美在於和諧和比例」，普羅提諾有不同的看法：他不同意美在於勻稱，他指出如果美在於勻稱，那麼它就只能出現在複雜的對象之中，而不會出現在個別的色彩和聲音裡，像太陽、金子、閃電和光，這些單純之物的美，都將無從談起。以人臉為例，同一張臉的勻稱程度始終如一，但有時美，有時不美，這其實是因為表情的緣故，而表情是發自內心的。是故，美和勻稱不是同一回事。

他強調最高的美是不可見的，須憑藉靈魂而非感官去觀照它；在這至美的觀照中，靈魂升向上界，感覺留在下界。這是因為美的東西都來自理念（理型），而理念是心智（叡智）產生的東西。普羅提諾說，它是第一眼就可以感覺到的那種東西，靈魂彷彿有所理解，馬上就判定它是美的，「情投意合的」歡迎它的到來。反之遇到醜的東西時，靈魂就拒絕它，摒棄它。

在第五卷的一些章節中，他談到了對藝術的看法[24]。他認為如果有人看不起藝術，是因為藝術模仿自然，那麼就必須告訴他：自然也是模仿的產物。此外，藝術不僅可以模仿看得見的東西，也能模仿自然事物所從中而出的理念（理型）；許多藝術作品是藝術所獨創的，因為藝術具有美，能彌補事物的缺陷。他和柏拉圖的差異在此處是顯而易見的。柏拉圖之所以看不起藝術，是因為他認為藝術模仿的是現實世界（感性世界），是幻影的幻影；而普洛提諾則認為藝術模仿的是理型界，模仿的是本質，甚至可以彌補原本事物的缺陷。

中世紀美學

從西元四七六年西羅馬帝王滅亡，一直到一五四三年東羅馬帝國滅亡，這之間大約一千年的時間，一般稱為中世紀或中古時期。在中世紀的西歐，羅馬的基督教會占有最高的地位，擁有財富和權力；一般來說中世紀的文化就是基督教文化，許多問題幾乎都是從宗教的角度去看，一切學問都成了神學的一個部門，美學也不例外。這是美學發展的新階段，既然美學已被納入神學，它的任務就是「上帝至美」；由於自然是神造的，而藝術是人造的，因而中世紀哲學家是看重自然，貶低藝術品，所以中世紀美學不以藝術為對象。中世紀美學的理論基礎是柏拉圖的哲學、新柏拉圖主義普羅提諾的哲學和基督教的教義之間的相互融合（以奧古斯丁為主），後來還加上了一個

大師語錄　要用「美」這個詞來稱呼一件東西，這件東西必需引起你的驚嘆和快樂。——伏爾泰

亞里斯多德的哲學（例如多瑪斯．阿奎那）。中世紀的美學思想雖必須被納入神學之下，但它對於上述幾個理論源頭的融會，及其所提出的一些美學概念和問題，對近代美學也發生了重大的影響，因此，我們也不應忽視中世紀美學。

奧古斯丁

奧古斯丁（St. Augustine, 354-430）在皈依基督教前，對希臘羅馬古典文學有相當深刻的研究。他當過文學和修辭學教師，並且還寫過一部美學專著：《論美與適宜》，手稿在當時就已失傳。皈依基督教之後，他一方面鑽研基督教經典，一方面仍繼續研究柏拉圖。他的美學言論大半見於《懺悔錄》和他的神學著作。

奧古斯丁為美下的定義是「整一」或「和諧」，給物體美所下的定義是「各部分的適當比例，再加上一種悅目的顏色」。前面的定義來自亞里斯多德，後面的定義則來自西賽羅，但奧古斯丁把它們結合都在神學裡：使人感到愉快的那種整一或和諧，並不是對象本身的性質，而是上帝在對象上打下的烙印。和諧之所以美，是因為它代表有限事物所能達到上帝的那種整一。但由於與雜多混合，比起上帝的整一，它究竟還是不純粹、不完善的。這基本上還是受到柏拉圖看法的影響：感性事物的相對美比不上理型的絕對美。

透過柏拉圖，奧古斯丁還受了畢達哥拉斯派的影響，把「數」絕對化和神祕化。現實世界彷彿是上帝按照數學原則創造出來的，所以才會顯現出整一、和諧與秩序。美的基本要素也就是數，因為它就是整一。這種從數量關係上尋找美的看法，上承畢達哥拉斯的黃金分割，下開達．文西、米開朗基羅以及賀加斯等藝術大師對於美的線形所求出的數量公式，以斐西納和實驗主義美學派對於美的形象所進行的試驗和測量，在美學發展中一直是很有影響力的。它的基本出發點就是形式主義。

奧古斯丁美學還有一點非常特別，就是他提出醜的問題。他認為美有絕對性而醜沒有：醜都是相對的，孤立地看是醜，但在整體中卻反能烘托出整體的美。這就是說，醜是形式美的一個因素。因此，醜在美學中不是消極的而是積極的範疇。但是如果沒有合拍的心靈，就只能看到孤立的部分，看不到整體的和諧，只會覺得某部分醜，或全部都醜。後來理性主義哲學家萊布尼茲和沃爾夫等人也有類似的看法，並且認為醜惡烘托出美好，是上帝那位鐘錶匠的明智的安排。

大師語錄　美不是全部感官的對象。對嗅覺和味覺來說，既無美也無醜。——狄德羅

多瑪斯．阿奎那

多瑪斯．阿奎那（St. Thomas Aquinas, 1226-1274）是基督教公會公認最偉大的一位神學家，他的美學思想散見於他的《神學大全》（*summa theologica*）。他的基本出發點和奧古斯丁一致，也是把普羅提諾的新柏拉圖主義應用在神學上，只不過他同時也受到了亞里斯多德的影響。

讓我們引用《神學大全》中的幾段文字，對於多瑪斯．阿奎那的思想進行分析。

(1) 第一是一種完整或完美，凡是不完整的就是醜的；其次是適當的比例或和諧；第三是鮮明，以著色鮮明的東西是公認為美的。

(2) 人體美在於四股五官的端正勻稱，再加上鮮明的色澤。

(3) 美與善是不可分割的，因為二者都以形式為基礎；因此，人們通常因此把善的東西也稱讚為美的。但是，美與善畢竟有區別，因為善涉及欲念，是人都對它起欲念的對象，所以善是作為一種目的來看待的；所謂欲念就是迫向某目的的衝動。美卻只涉及認識功能，因為凡是一眼見到就使人愉快的東西才叫做美的。所以美在於適當的比例。感官之所以喜愛比例適當的事物，是由於這種事物在比例適當這一點上類似感官本身。感覺是一種對應，每種認識能力也都是如此。認識須通過吸收，而所吸收進來的是形式，所以嚴格地說，美是屬於形式的範疇。

(4)美與善一致，但仍有區別。因於善是「一定事物都對它起欲念的對象」，從這個定義可以看出：善應使欲念得到滿足。但是根據美的定義，見到美或認識美，這見到或認識本身就可以使人滿足。因此，與美關係最密切的感官是視覺和聽覺，都是與認識最密切的為理智服務的感官。我們只說景象美或聲音美，卻不把美這個形容詞加在其他感官（例如味覺和嗅覺）的對象上去。從此可見，美向我們的認識功能所提供的是一種見出秩序的東西，一種在善之外和善之上的東西。總之，凡只是為滿足欲念的東西叫善，凡是單憑認識就立刻使人愉快的東西叫做美。

大師語錄　絕大多數哲人，以及最偉大的人物，都通過對美的欣賞和沉思來補償學校教育，並獲得智慧。——蒙田就引文⑴和引文⑵來說，首先，多瑪斯指出美的三個因素：完整、和諧、鮮明，都是形式的因素。這和奧古斯丁的觀點幾乎一致。但多瑪斯也說：美屬於形式因的範疇，這是用亞里斯多德的思想四因說來分析美。中世紀的學者談到美，大半都認為美只在於形式上，很少有人會結合內容意義來論美，後來的康德在這點上也是一致的；此外，康德在美感中「各種官能和諧地發揮作用」的說法，在多瑪斯的美學思想中也早有了端倪。其次，在美的三個因素中，完整、和諧是從希臘以來的美學家就重視的。但是鮮明則是多瑪斯結合西賽羅和奧古斯丁所提到的顏色，另外提出的概念（他用了許多同義詞，如「光輝」、「光芒」、「照耀」、「閃爍」等等）。在這個概念中，他把美歸結為神的特性。他給鮮明下的定義是：「一件東西（藝術品或自然物）的形式放射出光輝來，使它的完美形式和秩序的全部豐富性都呈現於心靈。」而這種光輝是從哪裡來呢？上帝都是活的光輝，世間美的事物就是這樣活光輝的反映，所以從事物的有限美可以隱約窺見上帝的絕對美。

就引文⑶和引文⑷來說，有幾點值得我們注意。

首先，「凡是一眼見到就使人愉快的東西才叫做美」，這定義指出美是感性的、直接的、不假思索的，只涉及形式而不涉及內容意義。這種強調美的感性和直接性的觀點，在康德和克羅齊的主觀觀念論的美學中得到進一步的發展：它是「美只關於形式而不涉及概念」這種說法以及「藝術直覺說」的萌芽。

其次，在指出美善一致時，多瑪斯又同時指出了美善的不同：善是欲念的對象，欲念所追求的對象不是立即可以達到的；美是認識的對象，一認識到，就立刻使美感得到滿足，對於對象不起欲念，也就是說，美沒有什麼外在間接的實用目的。這也是康德「美感不是利害關係」的先驅。

最後，為何多瑪斯只承認視和聽是美感的感官？理由有二：第一、視覺與聽覺，「與認識關係最密切」，是為「理智服務的」；美感是認識活動，其他官能如味覺和嗅覺則和欲望的滿足有關。第二、說美屬於「形式因」的範疇，形式只能透過視覺和聽覺去察覺。這裡的重要性在於，這是尋找美感與一般快感分別的一個最早嘗試，並且確定視覺與聽覺為專門的美感感官，對後世也造成了一些影響。

總結來說，多瑪斯．阿奎那集中世紀哲學的大成，也是士林哲學（經院哲學）的代表人，上承柏拉圖主義的神祕主義，下啟康德的主觀觀念論和形式主義的美學，其重要性不言可喻，也是我們理解美學史流變中不可或缺的人物。

大師語錄 美不是對象的一種屬性，它只存在於知覺者的內心。
——休謨

延伸閱讀與推薦影片

延伸閱讀

一、喬斯坦．賈德著，伍豐珍譯，《蘇菲的世界》，台北：木馬文化，2010。這不是美學史的書，卻是美學史的理論基礎書。大部分美學家的理論通常是他個人哲學系統的一部分，因此，《蘇菲的世界》是一部哲學史小說，可以當作美學史的理論基礎來看；可以幫助想學習美學，但沒有哲學基礎的讀書一個快速了解西洋哲學史的入門書。

二、亞里斯多德，《詩學》。本書的中譯本非常多，此處就不一一介紹了，不論是哪個版本，讀者們可以先去閱讀第十章、第十一章，論「突轉」、「發現」的部分；再看一部電影或一集電視劇，可以嘗試用這兩個概念來分析劇情。

推薦影片

「搖滾芭比」（港譯「妖型樂與怒」，Hedwig and the Angry Inch, 2001；未在台灣上映），本片講述的是一位東德少年Hansel，為了愛而變性，「流落」到美國，組織樂團，追求另一半的故事；片中直接涉及柏拉圖《會飲》中「另一半」的故事，特別是片中的主題曲「愛的起源」（the Origin of Love），不論是歌詞或MV，都可以配合柏拉圖的《會飲》一起看。

大師語錄　美就是沒有利害關係。——康德

3分鐘重點回顧

❶ 作為「美」之學，美學的研究主題包含：美、醜、崇高（壯美）、美感經驗等。作為「感」之學，美學的研究主題包含：藝術、美感經驗和其他感性活動等主題。

❷ 不論美學是否等同於藝術哲學，至少藝術美是兩者共同的研究主題。自然美如果指的是自然事物所表現出來的美，那麼藝術美則是透過人為的力量在各種藝術活動中所顯現的美。

❸ 美學所研究的主題，不是由美學家個人提出，就是由某個美學學派，透過某部美學經典提出的，因此理解重要的美學家、美學學派和美學經典對於理解美學這一學科，是必要的事情。

❹ 早期希臘美學以自然哲學為主要的組成部分，從德謨克利圖和智者（sophist）們開始，美學就從自然哲學逐漸轉向社會問題。蘇格拉底把美和效用聯繫起來看，美必定就是有用的，衡量美的標準就是效用，有用就美。愉悅或快感等感受。

❺ 柏拉圖的美學思想，可以整理為如下三點：1.藝術和真實的關係：藝術和真實有隔閡；2.藝術的教育功能：鼓動感性和提供壞榜樣；3.文藝創作的原動力：靈感。

❻ 亞里斯多德一方面整合了在他之前所有希臘美學思想家的要點，加以繼承和批判，並且建構自己的體系；而在啟後方面，亞里斯多德的《詩學》迄今仍然是文藝理論領域必讀的經典，堪稱是美學史上最重要的人物之一。

❼ 賀拉斯的成就主要在於他奠定了古典主義的理想。他把他所理解的古典作品中最好的品質和經驗教訓總結出來，用最簡潔雋永的語言把這些總結銘刻在四百幾十行的「短詩」裡，替後來歐洲文藝指出一條格調雖不高而卻平易近人，通達可行的道路。

❽ 普洛提諾是古代和中世紀交界的人。他是新柏拉圖主義哲學的創立者、中世紀宗教神祕主義始祖、也是美學史上第一位將美與藝術連結在一起的人。

❾ 奧古斯丁為美下的定義是「整一」或「和諧」，給物體美所下的定義是「各部分的適當比例，再加上一種悅目的顏色」。奧古斯丁把它們結合都在神學裡：使人感到愉快的那種整一或和諧，並不是對象本身的性質，而是上帝在對象上打下的烙印。

❿ 多瑪斯．阿奎那集中世紀哲學的大成，也是士林哲學（經院哲學）的代表人，上承柏拉圖主義的神祕主義，下啟康德的主觀觀念論和形式主義的美學，其重要性不言可喻，是理解美學史流變中不可或缺的人物。

本章注釋

1. 關於DAY 2「美學的歷史」這一部份的內容，乃取材自如下兩本書，故不再特別標註出處：(1)朱光潛，《西方美學史》上、下卷，收於《朱光潛全集》第六卷、第七卷，合肥：安徽教育出版社，1990；(2)李醒塵，《西方美學史教程》，台北：淑馨，1994；原則上，古代美學和中世紀美學，以上二書都是資料來源，但是主要是取材自(1)。基本上補充的註解都是我下的，不是原書原來的註解；我沒有更動原書的文句，除了如下狀況：(1)兩岸譯名不同，則我直接修改，不另作說明；(2)因應本文需要，統一名詞；(3)查閱所引原典內容，發現引文或譯文有問題時，會修改其中文句；(4)原典文句是我補充引用時，我會特別加註說明。
2. 朱光潛，《西方美學史》上卷，頁7。
3. 關於畢達哥拉斯的部分，亦可參考DAY 4的內容。
4. 即先於蘇格拉底；哲學史將蘇格拉底之前的哲學家稱為「先蘇哲學家」。
5. 如果只有身體美，那就和動物沒有兩樣，因為動物也有身體美，但不像人類會透過聰明才智去追求美。
6. 關於柏拉圖的部分，亦可參見DAY 4的說明；DAY4是從「美感經驗」的角度論述的，與這裡的說明不太相同。
7. 參見DAY 1之「美學小辭典」。
8. 關於「理型論」，請詳見本書DAY 4柏拉圖「美在理型」的部分。
9. 請注意「真實」不等於「現實」；這裡的「真實」（reality）指的不是「現實世界」（actual

world）而是指「理型」。

10. 如果「理型」（真實）是第一層，現實世界是第二層，而藝術在第三層，那麼實際上藝術和真實之間只有隔著一層現實世界。但如果說真實是第一層，而藝術在第三層，說兩者「相差」二層也是合理的。至於原著說的「相隔三層」，只是要表示藝術離真實很遠，未必真有三層之遙。

11. 參見DAY 3「藝術作為技術」的部分。既然不是「技術」，所以「詩」在當時不被認為是我們今天意義下的「藝術」；因為我們認為的「藝術」，在當時都是「技術」。

12. 陳中梅譯，《詩學》，第七章，頁74。

13. 參見DAY 5。

14. 陳中梅譯，《詩學》，頁81。

15. 根據陳中梅的解釋，在《詩學》第七章的註21，她說道：「亞氏認為，事物的存在或不存在，事情的發生或不發生，若是符合一般人的看法，這種存在或不存在，發生或不發生便是可然的（《分析論》（AndlyticaPriora）2・27・70a2-6，另參閱《修辭學》1・2・1357a34ff・）。『必然』排斥選擇或偶然：一個事物若是必然要這樣存在，就不會那樣存在，一件事情若是必然會發生，就不會不發生（《形而上學》4・5・1010b26-30）。」

16. 陳中梅譯，《詩學》，頁180。

17. 陳中梅譯，《詩學》，頁63；括號內文字為作者所加。

18. 這就是有名的「淨化說」。「淨化」（Katharsis，或譯為陶冶、宣洩）是當時希臘常見的概念，用在醫療上指的是宣洩，宗教上則有洗滌罪愆的意味。亞里斯多德在《詩學》裡對於淨化的定義這部分的章節已經佚失了，但是從《詩學》的相關章節，和亞里斯多的其他著作對照來看，指的就是藉由對藝術的審美感受，使人得到一種無害的快感、使心理情感得到陶冶、宣洩。

19. 四因說是亞里斯多德用來解釋事物存在的一種方式，「四因」指的是「形式因」、「質料因」、「動力因」和「目的因」。

20. 陳中梅譯，《詩學》，頁64。

21. 陳中梅譯，《詩學》，頁38。

22. 以上關於流出說的描述，出自傅偉勳，《西洋哲學史》，頁171-173，台北：三民，1984。

23. 以下關於普羅提諾對「美」的分析，出自：陸揚，〈普羅提諾《九章集》〉，收錄於朱立元主編，《西方美學名著提要》，頁51-53，南昌：江西人民出版社，2000。

24. 同上，頁54。

Day 03 Wednesday

星期三

發展與演變

近代、現代和後現代美學

西方美學自從一七五〇年包姆加通創立「美學」（感性學）這門科學的稱號開始，經過康德、許萊格爾、叔本華、尼采以至於柏格森和克羅齊，都由一個一脈相承的中心思想統治著，這就是美只關乎感性的看法。在這個潮流中，黑格爾可以說是中流砥柱，他把理性提到藝術中的首要地位。他肯定了思想性在藝術中的重要性，但是他同時也反對另一極端，即藝術的抽象公式化。

美學經歷什麼樣的發展與演變？——近代美學、現代美學和後現代美學[1]

今天的內容承續昨天 DAY 2 的內容。西方美學的發展已經走過中世紀；現在要進入近代和現代了。這裡所說的「近代」指的是西元一四五三年以後，到一九一四年左右的時間，也就是十五世紀到和二十世紀初的期間；而現代和後現代則指一九一四年以後到現在。必須說明的是，現代和後現代的區分，與其說是時間，不如說是風格[2]。

文藝復興

文藝復興是中世紀轉入近代的樞紐。它發源於義大利，逐漸向北傳播，終於席捲了全歐。在北方各國，它演變成宗教改革或新教運動。文藝復興極盛於十六世紀，但是在十三世紀就已在義大利蘊釀了。但丁、彼得拉克和薄伽丘三位義大利文學奠基者，都是文藝復興運動的先驅。文藝復興的影響在後來每個政治運動和文化運動中都可以見到，至今還是鮮活存在著的。

顧名思義，文藝復興就是希臘羅馬古典文藝的再生[3]。但是這個名稱並不足以包括這個偉大運動的全面。其一，文藝復興不僅是希臘羅馬文化的再生，它還受到許多外來文化的影響，看成希臘羅馬文化的再生並不全面；其次，文藝復興在西方的解釋是「古典學術的再生」，而中文譯詞習慣用「文藝」代替「學術」，也容易引起誤解。文藝復興運動在精神文化方面的表現，並不僅只在文藝方面，也包括了自然科

大師語錄　美是遊戲衝動的對象、活的形象。——席勒

學[4]。

文藝復興雖然說是「巨人的時代」，但在美學和文藝理論方面，「巨人」卻不是很多，我們只能略述如下。

在文藝理論方面，因為有文藝創作實踐方面的巨大成就做基礎，所以在約莫三百年間，得到了蓬勃的發展。工商業發展促進了自然科學的發展，這替文藝復興時代帶來兩大思想武器：經驗和理性。歐洲哲學思想從十七世紀以後出現理性主義和經驗主義兩大流派，而在文藝復興時代，理性和經驗是統一的。

另一方面，基於批判中世紀教會神權文化的需要，文藝復興的思想家們要建立人道（人本、人文）主義的文化，而希臘羅馬的古典文化正是一種世俗性的人道主義文化，這使得這些學者必須嚴肅地對待古典文化遺產的繼承問題：要接受古人的思想到哪種程度？建立自己的體系又到哪種程度？在一些美學問題上，義大利的人文主義者的態度是複雜、甚至自相矛盾的。在**文藝與現實的關係**這個問題上，受到自然科學的影響，他們對於**藝術模仿自然**的傳統堅信不移，但對於藝術須就自然加以理想化的理解就不同。而在**文藝的社會功用**上，少數人把文藝的功能限於娛樂，但絕大多數人都深信賀拉斯的教益和娛樂兩點論。最後，在「**文藝（美）的標準**」上，由於當時多數人強調人性的普遍性、各時代各民族的人在好惡上的一致，「絕對美」和「普遍標準」的看法是主流，但是「相對美」和「相對標準」的看法也逐漸開始出現了。

法國理性主義美學與新古典主義美學

文藝復興運動在義大利到了十六、十七世紀之交就衰退了，從此西方文化中心和領導地位轉移到法國。法國在十七世紀領導了新古典主義運動，在十八世紀則帶領了啟蒙運動。

☼ 笛卡兒的理性主義美學

法國的新古典主義美學直接來自理性主義哲學，也就是說，他是笛卡兒（René Descartes, 1596-1650）理性主義哲學[5]的體現。笛卡兒的美學理論還在探索中，並沒有完整的體系；但他的思想基調是理性主義的，而這對於新古典主義的文藝實踐和理論產生了廣泛而深刻的影響。

大師語錄 伺奉繆司者，理當愛美。——柏拉圖

✲ 布瓦洛的新古典主義美學

新古典主義的立法者和代言人是布瓦洛（Nicolas Boileau-Despréaux, 1636-1711），它的圭臬是布瓦洛的《詩的藝術》。受到笛卡兒理性主義的影響，《詩的藝術》的第一章就說：「**因此，要愛理性，讓你的一切文章永遠只從理性獲得價值和光芒。**」亦即一切作為要以理性為準繩；文藝之美只能由理性產生。由於理性具普遍性和永恆性，所以美也必然是普遍和永恆的，使一切人都覺得美；具有普遍性和永恆性，那美就與真理無異了，如《詩簡》所言：「**只有真才美，只有真才可愛；真應該到處統治，寓言也非例外；一切虛構中的真正的虛假，都只為使真理顯得更耀眼。**」這種和「美」同一的「真」，也就是「自然」。布瓦洛說：「**讓自然做你唯一的研究對象。**」新古典主義者相信「藝術模仿自然」的原則，把自然看做與真理同一，由理性統轄著，著重自然的普遍性和規律性。但是新古典主義者對於「典型」的理解還沒有超出賀拉斯的定型和類型的看法。

・古典主義的基本信條與基本成就

新古典主義具有兩個基本信條：一、文藝具有永恆的絕對標準。人性（Nature，即自然）是符合理性的，符合理性的東西就必然帶有普遍性和永恆性，所以文藝作品必須把這普遍永恆的東西表現出來，才能得到古往今來一致的贊賞。反過來說也是一樣。二、既然久經考驗的東西才是好的，而羅馬的古典又符合這個條件，所以值得我們學習。新古典主義這個名詞本身，就顯示了繼承古典是它的主要內容。作為笛卡兒《論方法》的信徒，新古典主義者把模仿古典和「規則」的概念結合在一起，而如此看重規則，也與他們輕視內容而過分重視形式技巧有關。

・由古今之爭引向啟蒙運動

法國的新古典主義在文學上的成就是在戲劇，因此亞里斯多德《詩學》所說的規則是否該視為金科玉律，就是轟動的「古今之爭」的話題之一：究竟是古人高明，還是今人高明？古派以布瓦洛領軍，代表舊勢力；今派以寫神話寓言的佩羅（C. Perrault, 1628-1703）為主要發言人。值得注意的是，在這場爭論中，今派之中湧現了一些新的文藝作家，其中傑出者之一是聖・厄弗若蒙（St. Evremont, 1610-1703）。他

大師語錄 美是比任何語言都有力的推薦信。——亞里斯多德

的可貴之處，在於表現出新古典主義所缺乏的歷史發展觀點。他認為亞里斯多德的《詩學》雖好，但並不適用於各個時代和各個民族；以它為標準來指導新的作品，說穿了就是削足適履。他向詩人發出了號召：「**宗教、政治機構以及人情風俗，都已經在這個世界裡造成了很大的變化，所以把腳移到一個新的制度上去站著，才能適應現時趨向和精神。**」這句「把腳移到一個新的制度上去站著」，指的就是從新古典主義的立場上移開，隱約透露了啟蒙運動的訊息。

※英國經驗主義美學：休謨

近代英國的美學思想一方面是建立在經驗主義[6]的哲學基礎上，一方面也反映了當時英國文藝的實踐情況。由於經驗主義在英國是主流，族繁不及備載，這裡只介紹最具代表性的人物：休謨（David Hume, 1711-1776）。

休謨是英國經驗主義的集大成者。在英國經驗派哲學家中，他是最篤好文藝也最關心美學問題的一個。他指責亞理斯多德以後的批評家們，對文藝和美學問題所發的空談甚多，所得到的成就卻甚小，其原因在於沒有用「哲學的精密性」來指導美感趣味。他的企圖就是要把「哲學的精密性」帶到美學領域裡來。休謨的著作，與美學相關的主要有《論人性》中的一部分，《論美感趣味的標準》以及《論懷疑派》。

・美的本質

關於美的本質問題，他堅決反對「美是對象的屬性」這種看法。他舉過去許多形式主義者所讚美的圓形為例，「美」不是對象的一種屬性，而是某種形狀在人心上所產生的效果，這種效果之所以能產生，是由於「人心的特殊構造」。這幾句話可以作為休謨的基本美學觀點的總結。

在美的本質問題上，休謨主張的是效用說。這種效用說早就由蘇格拉底提出過，不過休謨對它加以新的註釋。這裡有兩點可以注意：第一，和蘇格拉底一樣，休謨借此來說明美的相對性，美是對人才有效的，它必然隨人的利益不同而顯現出分歧。其次，休謨把美分為來自感覺的和來自想像的兩種。感覺的美（例如宮殿的形體和外貌）是由感官直接接受來的，只涉及對象的形式；想像的美則起於對象形式所引起的對對象的便利和效用等觀念的聯想，這就必然涉及內容意義。由此看來，休謨總是把內容看得比形式更重要。

與效用說密切聯繫的是同情說。同情即屬於休謨所說的「人性的本來的構造」或

大師語錄　美是一種具有神性的東西，所以才有強烈的魅力。
——奧古斯丁

「心理功能」的重要組成部分。對象之所以能產生快感，往往由於它滿足人的同情心，不一定觸及切身的利害。例如我們看到肥沃豐產的果園，儘管自己不是業主，不能分享業主的好處，但是我們仍可借助於活躍的想像，體會到這些好處，而且在某種程度上和業主分享這些好處，這就是運用同情了。

休謨還用同情說來說明一般所謂「形式美」，如平衡，對稱之類，這仍要涉及內容意義。他說：「**建築學的規矩要求柱子上細下粗，因為這樣的形體才使我們起安全感，而安全感是一種快感；反之，上粗下細的柱子使我們起危險感，這是不愉快的。**」從這個例子看，休謨所了解的同情並不限於人，也可以推廣到無生命的東西（如柱子），柱子上細下粗讓人有安全感，上粗下細就就會引起危險感，不平衡的形體會引起跌倒的觀念，這些都可以由於同情的影響，先想像到對象處在安全，危險或跌倒的狀態，然後觀者自己也隨之起快感或痛感。這已經是移情說的雛形了。

「同情」（sympathy）在西文裡原義並不等於「憐憫」，而是設身處地分享旁人的情感，乃至分享旁物被人假想為有的情感或活動。現代一般美學家把它叫做「同情的想像」。以後我們還會看到，同情說在博克、康德以及許多其他美學家的思想裡占著很重要的地位，立普司一派的「移情」說和谷魯斯一派的「內摹仿」是同情說的變種。休謨所提的同情說著重美的社會性或道德性，它有力地打擊了形式美的傳統觀點。

‧文藝發展的歷史規律

當時一般英國美學家都還缺乏歷史觀點，休謨也是個歷史家，在這方面作過一些嘗試，休謨把作品擺在歷史情境裡去看的主張，在當時還是新鮮的。他還寫了一篇《論文藝和科學的興起和發展》，試圖替文藝的發展找出規律。他所找到的有四條。一，文藝只有在自由的政體下才能發展；二，一系列獨立的鄰國維持商業和政治上的聯繫最有利於文藝的發展；三，文藝可以由一個國家移植到另一個政體不同的國家，開明的君主國對文藝發展最有利（共和政體對科學發展最有利）；四，文藝在一個國家裡發展到高峰之後就必然衰落。他還舉了一些歷史事例作為論證。

休謨的觀點只是一個時代的反映（例如把自由的條件擺在第一位，文藝達到高峰後必然衰落之類），有它們的歷史局限性；但是用歷史觀點來看文藝，在當時究竟還是起了進步的影響。在這方面休謨也可能受到法國啟蒙運動的影響，因為他和多數法國啟蒙運動的先驅都有交誼。

大師語錄　家裡如果空空洞洞的，那就不會美。事物之所以美，是由於神住在它裡面。——多瑪斯．阿奎那英國經驗派美學家一直著重生理學和心理學的觀點，把想像、情感和美感的研究提到首位，並且企圖用「聯想」[7]來解釋審美活動和創造活動，用生理觀點有利於生命發展與否來區別美與醜，這樣就把近代西方美學的發展，指引到側重生理學研究、特別是心理學研究的方向。

英國經驗主義美學的最大問題，在於過分重視生理和心理的基礎，把人只看作動物性而非社會性的；由於過分重視美感的感性和直接性，以及情欲和本能的作用，忽視了美感活動的理性方面。

近代德國美學：從啟蒙運動到德國古典美學

德國啟蒙運動是從新古典主義運動開始的。貫穿法國新古典主義運動的，是一場「古今之爭」大辯論，德國新古典主義運動也掀起了一場大辯論，問題卻不在「古今的優劣」，而在於德國文藝該借鑒法國還是英國，可說是萌芽中的浪漫主義和即將沒落的新古典主義之間的交鋒。弋特舍德是這場爭論中的中心。

☼ 弋特舍德

弋特舍德（Gottsched, 1700-1766）是萊比錫大學的教授，他的理論著作《批判的詩學》在十八世紀前半發生過相當大的影響，可說是布瓦洛《論詩藝》的翻版。法國新古典主義文學在當時的歐洲，是大家公認的光輝典範，弋特舍德對它景仰備至，認為要使德國文學脫離它原有粗野奇怪的「巴洛克」（baropue）風格，就必須把法國新古典主義搬到德國的土壤上。他追隨布瓦羅，寫出《批判的詩學》，討論了布瓦羅所討論過的詩的一般原則，以及詩的分類，並且替每類體裁定下了詳細的規則。

布瓦羅的哲學出發點是笛卡兒的理性主義，弋特舍德的哲學出發點則是笛卡兒加上德國哲學家萊布尼茲和伍爾夫的理性主義，認為文藝基本上是理智方面的事，只要根據理性，掌握了一套規則，就可以如法炮製。

弋特舍德片過於強調理性，馬上就遭到了瑞士蘇黎士的博德默（Bodmer, 1698-1783）和布萊丁格（Breitinger, 1701-1767）的聯合駁斥，釀成所謂萊比錫派和蘇黎士派的大辯論。博德默和布萊丁格雖然不否定理性，卻更強調想像。理性和想像究竟應該側重哪一邊，這是新古典主義和浪漫主義的分歧之一。笛卡兒是側重理性而看輕想

大師語錄　美之屬於視覺，勝過屬於聽覺。——費啟諾

像的，他幾乎用對數學的要求去要求文藝，而受笛卡兒影響的布瓦洛在《論詩藝》裡對想像更一字不提。當時對想像與藝術關係的重視和研究，是英國經驗主義派的休謨、艾迪生，以及義大利受到經驗主義影響的穆拉托里和維柯等人所引起的。蘇黎士派不但把藝術想像和藝術理想化結合起來，而且從想像觀點出發，辯護詩中的驚奇因素——而這因素正是新古典主義所厭惡的。弋特舍德挑起了兩派的爭論，他攻擊博德默的《論詩中的驚奇》。此後兩派交峰多次，結果弋特舍德慘敗，而他的支持者也都轉到蘇黎士派。

這場大辯論和它的結果標誌著時代風氣的轉變。單就文藝本身來看，這是由法國影響優勢到英國影響優勢的轉變，由新古典主義到浪漫主義的轉變。

在這場大辯論中還有一個人值得特別注意，這就是主張美學成為一個獨立科學並把它命名為「埃斯特惕克」（Aesthetica），因而獲得「美學的父親」稱號的包姆加通（Baumgarten, 1714-1762）。他是普魯士哈列大學的哲學教授。哈列大學在啟蒙運動中，是德國萊布尼茲派的理性主義哲學的中心，在那裡任教的萊布尼茲派學者伍爾夫（Chrisiian Wolff, 1679-1754）是啟蒙運動中哲學思想方面的領袖之一，包姆加通直接繼承了他的衣缽。要了解包姆加通的美學觀點，就必須對於理性主義的哲學系統——

特別是其中的認識論有所理解。德國理性主義哲學的代表人物是萊布尼茲和他的門徒吳爾夫，因此我們要先介紹萊布尼茲，再介紹吳爾夫，最後再回到包姆加通。

※萊布尼茲的理性主義美學

萊布尼茲（Leibnitz, 1646-1716）是德國理性主義哲學家們的領袖。他的理性主義是從笛卡兒繼承來的。萊布尼茲寫了一部《關於知解力的新論文》，從理性主義的觀點對洛克進行批評。他認為人生來就有些先天且先於經驗的理性認識，一種「一般概念」，它們就像「隱藏在我們心裡的火種，感官的接觸就使它們迸射出像打鋼鐵時所迸射出的火花」。他把「連續性」原則（程度不同的事物由低到高是逐漸上升的，中間沒有間隔）應用到人的意識，認為「明晰的認識」是認識的最高階段，下面有不同程度的「朦朧的認識」，處在半意識或下意識狀態，夢中的意識就屬於這一類。「明晰的認識」又分「混亂的」（感性的）和「明確的」（理性的）兩種。「明確的認識」要經過邏輯思維，把事物的部分和關係分辨得很清楚；「混亂的認識」則認識到事物的籠統形狀，印象可以很生動，但未經分析，其中各部分的關係不能分辨得很清楚。萊布尼茲把這種「混亂的認識」又稱為「微小的感覺」（les petites perceptions）。他

大師語錄　美的最高理想要在實在與形式的儘量完美的結合與平衡裡才可找到。——席勒

舉大海的嘯聲為例，說這是由許多個別的小浪聲組成的。「明晰的認識」就要在總體的嘯聲中分辨出每個小浪聲以及許多小浪聲的差異和關係。「混亂的認識」則只聽到總體的嘯聲，雖然沒有分辨出其中個別的小浪聲，但這些小浪聲卻對聽覺發生了影響。

萊布尼茲認為美感趣味或鑒賞力，就是由這「混亂的認識」或「微小的感覺」所組成的，因其「混亂」，我們對它就「不能充分說明道理」。他說：畫家和其他藝術家們對於什麼好，什麼不好，儘管能很清楚的認識到，卻往往不能替他們的這種審美趣味找出理由；如果有人問他們，他們就會回答說：他們不喜歡的那件作品缺乏一點「我說不出來的什麼」(je ne sais quoi)。

這個「我說不出來的什麼」在當時，特別是在法國成為美學家們的一種口頭語，指的正是還不能認識清楚的美的要素。這其實是一種不可知論。值得注意的是，萊布尼茲已把審美限於感性的活動，和理性活動對立起來。

萊布尼茲的世界觀，體現在他在《單子論》裡所說的「預定的和諧」的概念裡。這個世界好比一座鐘，其中部分與部分，以及部分與全體都安排得妥妥貼貼，成為一種和諧的整體，而上帝就是作出這種安排的鐘錶匠。在一切可能的世界中，這個世界是最好的。從美學觀點看，它也就是最美的，因為它最完滿地體現了和諧是寓雜多於整一的原則。

❊伍爾夫的美學

伍爾夫是萊布尼茲的忠實信徒，他的功績主要在於對萊布尼茲的理性主義哲學加以系統化和通俗化。就美學思想來說，他特別著重「完善」（perfection）的概念。他替美所下的定義是：「一種適宜於產生快感的性質，或是一種顯而易見的完善」，「美在於一件事物的完善，只要那件事物易於憑它的完善來引起我們的快感」。這個定義是把客觀事物的完善和它在主觀方面所產生的快感效果，作為美的兩個基本條件。

❊包姆加通

包姆加通接續著伍爾夫，對萊布尼茲的理性哲學進行進一步的系統化。他看到人類心理活動分成知情意三個方面：研究知或理性認識的有邏輯學；研究意志的有倫理學；研究情感，意即「混亂的」感性認識卻沒有一門相應的科學。他建議應該設立一

大師語錄 領悟音樂的人，能從一切世俗的煩惱中超脫出來。
—— 貝多芬

門新科學：「aesthetica」，這個字照希臘字根的原義來看，是「感覺學」（感性學）。由此可見，這門新科學是作為與邏輯學相對立的一種認識論而提出來的。萊布尼茲的「明晰的認識」所區分的「明確的認識」（理性認識）與「混亂的認識」（感性認識）於是在科學系統裡都有了著落：前者歸邏輯學而後者歸美學。包姆加通在一七三五年發表的《關於詩的哲學默想錄》中，首次提出建立美學的建議，一七五〇年他正式用「aesthetica」來命名他研究感性認識的一部專著。從此，美學作為一門新的獨立的科學就誕生了。

包姆加通在《美學》第一章裡這樣界定了美學的對象：美學的對象就是感性認識的完善（單就它本身來看），這就是美；與此相反的就是感性認識的不完善，這就是醜。從此可見，美學作為一種認識論被提出，同時是研究藝術和美的科學。這兩項任務之所以結合成一個，是因為包姆加通把萊布尼茲的「混亂的認識」和伍爾夫的「美在於完善」結合在一起，認為美學所研究的對象是「憑感官認識到的完善」。完善是事物的一種屬性，它可以憑理性認識，也可以憑感官認識。憑理性認識到的完善，例如數學演算式的完善，是科學所研究的真；憑感官認識到的完善，例如詩或花的完善，就是美學研究的美。

「感性認識」在萊布尼茲和伍爾夫的哲學中有獨特的意義。它雖是「混亂的」，卻是「明晰的」；「混亂」指未經邏輯分析，「明晰」指呈現生動的圖像。憑這些感性認識見出事物的完善，就是見出美；見出事物的不完善，就是見出醜。雖是感性認識，它究竟還是一種審辨美醜的能力。包姆加通將這種審辨力稱為「感性的審辨力」（**iudicium sensuum**），即所謂的「美感趣味」或「鑒賞力」。

包姆加通對於「藝術模仿自然」的傳統原則也有與過去不同的認識。他繼承了萊布尼茲「在一切可能的世界中，這個世界是最好的世界」的看法。所謂「最好」就是「最完善」，最豐富的雜多調和於最完滿的整一。因此，藝術須模仿自然，即表現自然呈現於感性認識的那種完善。這種完善當然帶有內在的聯繫和規律，但對美學來說，這種內在的聯繫和規律，不是由理性認識分析出來的，而是由感性認識把它作為感性形象而感覺出來的。所以，詩也有它的真實，但是詩的真實不同於邏輯的真實。包姆加通把詩的真實看成可然的真實：凡是我們在其中看不出什麼虛偽性，但同時對它也沒有確定把握的事物就是可然的，所以從審美見到的真實，應該稱為可然性：一方面雖沒有達到完全確定，另一方面也不含有顯然的虛偽性（《美學》，第四八三節）。

大師語錄　美如果不是充分完滿的存在，又是什麼呢？——謝林包姆加通的《美學》究竟有沒有「新內容」呢？這個新內容，就是新古典主義到浪漫主義的轉變。在這個轉變中，包姆加通是站在新生事物而非垂死事物的那一邊。他在新古典主義者所標榜的理性之外，把想像和情感提到第一位，在新古典主義者所標榜的普遍人性和類型之外，把個別事物的具體形象提到第一位，這對後來西方美學的思想發展，產生巨大的影響。

德國古典美學：從康德到黑格爾

十八世紀末到十九世紀初，美學在德國得到蓬勃發展。從康德開始，經過歌德、席勒、至德國觀念論（費希特、謝林、黑格爾），形成了強大的觀念論美學流派。美學史上一般稱之為「德國古典美學」，它們以德國古典哲學為理論基礎，在西方美學史上占有重要的歷史地位。它總結了以往美學的經驗，批判地繼承了英國經驗主義和歐陸理性主義的美學經驗，提供了嚴謹的的美學思想體系。

此處，我們集中討論兩位影響最大的哲學家：康德與黑格爾。

☼康德

康德（Immanuel Kant, 1724-1804）生於普魯士的哥尼斯堡，一七八一年出版《純粹理性批判》，一七八八年出版《實踐理性批判》，一七九〇年出版《判斷力批判》，稱為三大批判，在哲學的每個領域都代表一個里程碑：《純粹理性批判》（我們能知道什麼？）在知識論和形上學領域；《實踐理性批判》（我們應該做什麼？）在倫理學領域；而《判斷力批判》（我們能希望什麼？）則在美學領域中具有不可撼動的地位。《判斷力批判》設法在純粹理性及實踐理性兩大批判中，建立媒介的橋樑，認為「鑒賞判斷是美感的」討論的是美學等問題。在此我們集中焦點，談論康德對於「崇高的分析」。

‧康德論崇高

康德把美感判斷分為「美的分析」和「崇高的分析」兩部分。康德在美的分析中所得到的關於純粹美的結論，基本上是形式主義的：美只涉及對象的形式而不涉及它的內容意義、目的和功用；而在崇高的分析中，他不但承認崇高對象一般是「無形式

大師語錄 美是理念的感性顯現。——黑格爾

的」，而且特別強調崇高感的道德性質和理性基礎，這就是放棄了美的分析中的形式主義。因此，當康德分析崇高後，再回頭討論美時，他對於美的看法就有了顯著的轉變，美在形式轉變為「美是道德觀念的象徵」，美的基本要素就變成「內容」了。

・崇高和美的異同

崇高與美是美感判斷之下的兩個對立面，但就它們同屬於美感判斷來說，它們卻有些相同之處：它們都不只是感官的滿足；都不涉及明確的目的和邏輯的概念；都表現出主觀的符合目的性，而這種主觀的符合目的性所引起的快感都是必然、可普遍傳達的。

但是康德更著重的是崇高和美的差異：第一，就對象來說，美只涉及對象的形式，而崇高卻涉及對象的「無形式」。形式都有限制，而崇高對象的特點在於「無限制」或「無限大」。康德說：「**自然引起崇高的觀念，主要由於它的混茫，它的最粗野最無規則的雜亂和荒涼，只要它標誌出體積和力量。**」因此，美更多地涉及質，而崇高卻更多地涉及量。其次，就主觀心理反應來說，美感是單純的快感，崇高卻是由痛感轉化而成的快感。

・兩種崇高：數量的和力量的

康德把崇高分為兩種：一種是數量的崇高，特點在於對象體積的無限大；另一種是力量的崇高，特點在於對象既引起恐懼又引起崇敬的那種巨大的力量或氣魄。

關於數量的崇高，所涉及的主要是體積。關於體積，感官所能掌握的只是有限大，然而，大之上還有大，伸展是無窮的，感官或想像力對巨大體積的掌握終究有其極限，不能達到無限大。數學式的或邏輯式的掌握都須假定某一種單位尺度作為比較的標準，以估計某物的大小，這種單位尺度是一種概念，所以這種掌握不是美感的。至於對崇高事物進行體積方面的美感估計，所見到的卻是「無限大」或「無比的大」，即不根據某種外在的單位尺度或概念來進行比較，直接在對象本身上看出無限大，它本身的無限就是估計的標準。

為了說明這句話的意義，康德指出在這種估計或判斷過程中，有兩種矛盾的心理活動：一方面，人的理性在認識對象中要求見到對象的整體；另一方面，崇高對象的巨大體積卻超過想像力（對形象的感性認識功能）所能掌握的極限，想像力不足以達到理性所要求的整體。這種矛盾，正是想像力的這種無能或不適應，終於喚醒人心本有的一種「超感性功能的感覺」（理性觀念）。簡單地說，感性功能（想像力）不足

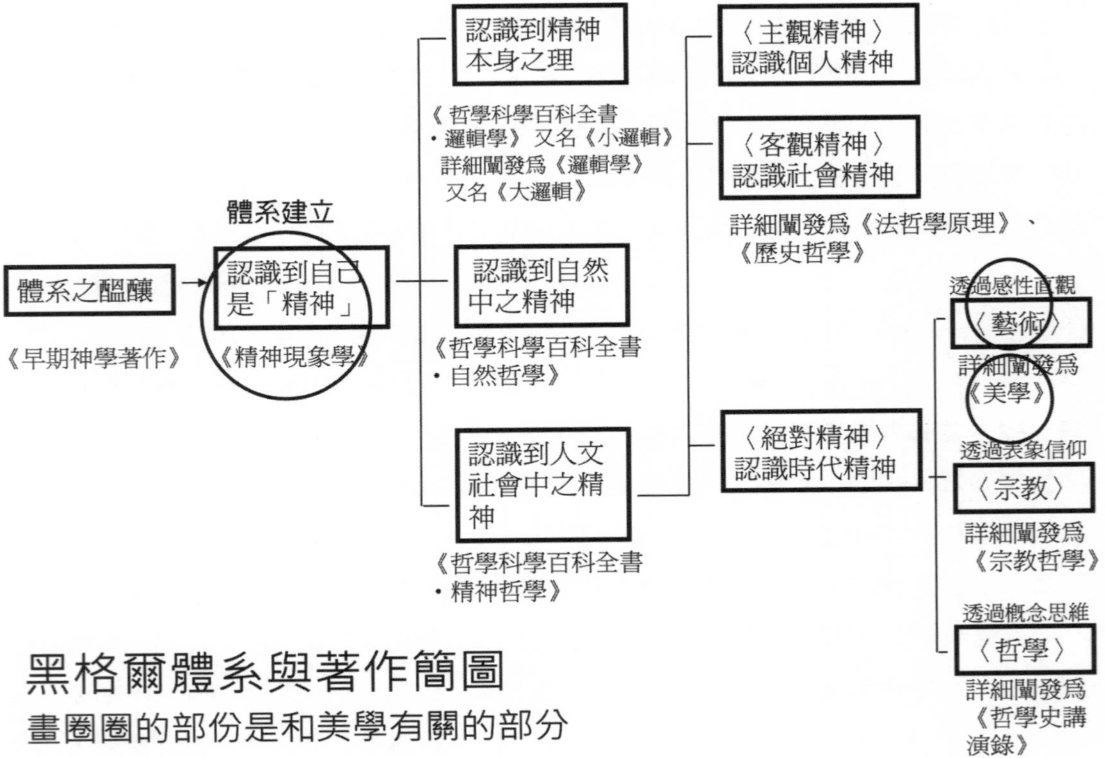

黑格爾體系與著作簡圖

畫圈圈的部份是和美學有關的部分

以見到崇高對象的整體，理性功能就起來支援，就在這對象本身見出無限大，見出它所要求的整體。康德假定理性是人類認識功能的共同基礎，所以崇高感雖是個人主觀的感覺，卻仍是必然的、可普遍傳達的。

關於第二種崇高，力量的崇高，康德也把它局限在自然界。他所下的定義是：

威力是一種越過巨大阻礙的能力，如果它也能越過本身具有威力的東西的抵抗，它就叫做支配力。在美感判斷中如果把自然看作對於我們沒有支配力的那種威力，自然就顯出力量的崇高。

所以就對象而言，力量崇高的事物一方面須有巨大的威力，另一方面這巨大的威力對我們卻不具支配力。就主觀心理反應來說，力量的崇高也顯出相應的矛盾，一方面，巨大的威力使它可能成為一種「恐懼的對象」，另一方面，它如果真正使我們恐懼，我們就會逃避它，不會對它感到欣喜，而事實上它卻使我們欣喜，這是由於它同時在我們心中引起自己有足夠的抵抗力而不受它支配的感覺

這「另一種抵抗力」是什麼？它就是人的理性使自然的威力對人不能成為支配力

大師語錄 十全十美是上天的尺度，而要達到十全十美的這種願望，則是人類的尺度。——歌德

的那種更大的威力，也就是人的勇氣和自我尊嚴感。

崇高感是一種以痛感為橋樑、而且就由痛感轉化過來的快感。在恐懼與崇敬的對立中，崇敬克服了恐懼，所以崇敬是崇高感的主要環節。在這一點上，康德對博克的崇高感起於恐懼的說法做出重要的糾正。究竟什麼才是崇敬的對象呢，它像是自然對象，而骨子裡卻是人自己的人能憑理性勝過自然的意識。

黑格爾

黑格爾（G.W.F. Hegel, 1770-1831）是一個體大思精的哲學家，就哲學系統而言，他幾乎總結了歐洲近代哲學；就哲學史來說，他綜合了古代的柏拉圖與亞里斯德，在近代又繼承康德、費希特、謝林的德國古典哲學；在哲學部門方面，也有許多前人未見的創舉，如講授哲學史課程、歷史哲學課程等等。他一生中出版的著作只有四本：《精神現象學》、《邏輯學》（又稱「大邏輯」）、《哲學科學百科全書》（其中的「邏輯學」稱為「小邏輯」）和《法哲學原理》；他的美學思想主要表現在《精神現象學》的〈宗教〉「藝術宗教」部分、《哲學科學百科全書》〈絕對精神〉的「藝術」部分以及《美學》[8]全部。

要三言兩語概括黑格爾的哲學體系並不容易，但一言以蔽之，整個黑格爾的哲學體系，就是「精神」（Geist）自我認知、化隱為顯、由內而外、由具體而普遍、由感性到理性的過程。他的美學也必須放在這個脈絡來看。

黑格爾美學的內容是極豐富的，這裡介紹幾個比較關鍵性的觀點。

・美是理念的感性顯現

黑格爾的全部美學思想都是從一個中心思想生發出來的：「美就是理念的感性顯現」。理念其實是最高的真實，也就是柏拉圖的「理型」，這就是藝術的內容。就內容來說，藝術、宗教和哲學都是表現絕對精神或「真實」的；三者的不同只在於表現的形式。藝術表現絕對精神的形式是直接的，它用的是感性事物的具體形象，哲學表現絕對精神的形式是間接的，即從感性事物上升到普遍概念，它用的是抽象思維；至於宗教則介乎二者之間，它所藉以表現絕對精神的，是一種象徵性的圖像思維（Vorstellung），例如用父子的圖像來表現神與基督一體，是用既含有個別形象又含有普遍概念的東西來表現普遍真理。

美的定義中所說的「顯現」（schein）有「外表」的意思，它與真實的「存在」

大師語錄　美頗有些像從泉中汲出來最純淨的水，它愈是無味，愈是有益於健康，因為這意味著它排除了任何雜質。——溫克爾曼

（sein）是對立的。比方說，畫馬只取馬的「外表」，不是去研究馬的真實「存在」。人們常說，藝術寓無限於有限，這種說法其實就是黑格爾「美是理念的感性顯現」的說法。黑格爾的定義肯定了藝術要有感性因素，也肯定了藝術要有理性因素；最重要的是，二者必須結成契合無間的統一體。

黑格爾的這種理性與感性統一說，在美學史上是帶有啟發性的。西方美學從一七五〇年包姆加通創立「美學」（感性學）這門科學的稱號開始，經過康德、許萊格爾、叔本華、尼采以至於柏格森和克羅齊，都由一個一脈相承的中心思想統治著，這就是美只關乎感性的看法。在這個潮流中，黑格爾可以說是中流砥柱，他把理性提升到藝術中的首要地位。他肯定了思想性在藝術中的重要性，但是他同時也反對另一個極端，即藝術的抽象公式化。

其次，理性與感性的統一也就是內容與形式的統一，內容或意蘊就是理性因素，形式就是感性形象。黑格爾說：遇到一件藝術作品，我們首先見到的是它直接呈現給我們的東西，然後再追究它的意蘊或內容。前一個因素——即外在的因素——對於我們之所以有價值，並非由於它所直接呈現的，而是我們假定它裡面還有內在的東西——即一種意蘊，一種灌注生氣於外在形狀的意蘊。那外在形狀的用處就在指引到這意蘊。

這段話可以看成是對康德形式主義的批判。依康德的觀點，「純粹的美」只是「直接呈現」的外在因素，即藝術的外在形式。美的東西最好不帶意蘊，如果帶了意蘊，美就不是「純粹的」而是「依賴的」。這種學說其實就是「為藝術而藝術」的文藝觀的哲學基礎。歐洲美學一直是由康德思想中形式主義所統治著。黑格爾是孤立的，儘管他費盡氣力闡明理性內容在藝術中的首要地位，但在藝術實踐中，他的學說並沒有發生太大的影響，感性主義和形式主義一直在氾濫著。

另一點值得注意的是：黑格爾一方面強調內容與形式的一致，另一方面也強調內容的決定作用：**「形式的缺陷總是起於內容的缺陷……藝術作品的表現越優美，它的內容和思想也就具有越深刻的內在真實。」**

・藝術美與自然美

許多美學家們批評黑格爾時，大半都責備他忽視自然美。其實黑格爾並沒有忽視自然美，在第一卷討論美的基本原理中，就有一章專講自然美；而且從「美是理念的感性顯現」這個定義來看，黑格爾所了解的藝術必然要有自然為理念的對立面，才能

大師語錄　我們可以給理想的美下一個定義：它是挑選和隱藏的藝術。
——夏多布里安

造成統一體（「自然」在他的美學裡有各種別名，例如「感性因素」、「外在實在」、「外在方面」等）。不過黑格爾輕視自然美，這確是事實。他說得很明確：「**我們可以肯定地說，藝術美高於自然。因為藝術美是由心靈產生和再生的，心靈和它的產品比自然和它的現象高多少，藝術美也就比自然美高多少。**」自然美之所以比藝術美低，有個原因是：「**由於理念還只是在直接的感性形式裡存在，有生命的自然事物之所以美，既不是為它本身，也不是由它本身，為著要顯現美而創造出來的。自然美只是為其它對象而美，這就是說，為我們，為美感的意識而美。**」換句話說，動物只能使旁人見出它的不完全的美，還不能自覺美，還不能由自己創造美的形象給旁人看。由於自然美有這種缺陷，藝術美才有必要。「**藝術的必要性是由於直接現實有缺陷**」，藝術才是由心靈自覺地把理念顯現於感性形象，才真正見出自由與無限。

・藝術的發展史：藝術類型與藝術部門

黑格爾對於藝術發展史的看法也是由「美是理念的感性顯現」這個定義所推演出來的。藝術是普遍理念與個別感性形象（即內容與形式）這兩者辯證統一的精神活動。但這種統一只是個理想，事實上可以統一的程度各有不同，因此藝術就分成三種類型（Kunstform）：即「象徵型」、「古典型」和「浪漫型」；每個類型之下又分若干部門或種類（如建築、雕刻、音樂、詩）。在歷史發展中的每個階段，都有它的獨特的藝術類型和藝術部門。

最初的類型是**象徵型藝術**，在這個階段，人類心靈力求把它所朦朧認識到的理念表現出來，但還不能找到適合的感性形象，於是就採用符號來象徵。符號和它所象徵的概念之間有相同之處，否則就不能起象徵作用；也有不相同的地方，所以象徵藝術都有些曖昧、神祕的性質。**典型的象徵型藝術是「建築」**，如神廟、金字塔之類。

下一個類型或階段就是**古典型藝術**；到了古典型藝術，人類精神才達到主客體的統一，精神內容和物質形式才達到完滿的契合一致。在這種類型的藝術中，認識到感性形象，也就同時很明確地認識到它所顯現的理念。**典型的古典型藝術是希臘雕刻**。這種藝術恰恰符合黑格爾對美的定義，所以他把古典藝術看作最完美的藝術。希臘雕刻所表現的神不像埃及、印度的神那樣抽象，而是非常具體的：神總是作為人表現出來的，因為人首先是從自身身上認識到絕對精神，而同時人體既是精神的住所，也就是精神最適合的表現形式。但是精神是無限的、自由的，而古典型藝術所藉以表現神的人體形狀畢竟是有限的、不自由的。這個矛盾就導致了古典型藝術的解體。

大師語錄　史實故事有如一面鏡子，把原來是美的東西給歪曲和模糊了；詩也是一面鏡子，它把被歪曲的對象化為美。——雪萊

浪漫型藝術與象徵藝術是相反的極端，象徵型藝術是物質溢出精神，而浪漫藝術則是精神溢出物質。就無限精神的伸展來說，浪漫藝術處於藝術最高的發展階段，但是就藝術的內容與形式一致來說，古典藝術終究是最完美的藝術。

典型的浪漫型藝術是近代歐洲的基督教藝術。近代藝術中的衝突主要在於性格本身分裂的衝突，即內心方面的衝突。它所表現的不是古典藝術那種靜穆和悅，而是動作和情感的激動，浪漫的靈魂是一種分裂的靈魂，所以古典藝術要避免的罪惡、痛苦、醜陋之類的反面事物，在浪漫藝術中卻找到了它們的位置。

浪漫型藝術的主要種類是繪畫、音樂和詩歌。繪畫比起雕刻受物質的束縛已較少，因為它只表現平面而不表現立體，但究竟還不能脫離空間的限制。音樂就前進了一步，它不表現空間而只表現時間，就更多地脫離物質的束縛了，但在時間上先後承續的音調究竟還是物質的現象。至於詩——最高的浪漫型藝術——則更前進了一步，它不用事物形體而用語言，語言並不直接描繪事物形象，像圖畫那樣，而是起一種符號作用，間接喚起「心眼」中的意象和觀念，所以詩歌所表現的主要是觀念性或精神性的東西，物質的因素已消滅到最低限度。

總觀黑格爾的理論，一言以蔽之：這就是藝術越向前發展，物質的因素就逐漸下降，精神的因素就逐漸上升。**象徵型藝術是「物質超於精神」，古典型藝術是「物質與精神平衡吻合」，浪漫型藝術則轉「精神超於物質」。**

精神超於物質畢竟是內容與形式的分裂。根據黑格爾的看法，這種分裂不但導致浪漫型藝術的解體，而且也會導致藝術本身的解體。到了浪漫型時期，藝術的發展就算達到了高峰，人就不能滿足於從感性形象去認識理念，精神就要再進一步脫離物質，要以哲學的概念形式去認識理念。這樣，藝術最後就要讓位給哲學。

藝術是否從此就要達到發展的止境，宣告滅亡呢？黑格爾的回答是這樣：

我們儘管可以希望藝術還會蒸蒸日上，日趨完善，但是藝術的形式已不復是心靈的最高需要了，我們儘管覺得希臘神像還很優美，天父，基督和瑪利亞在藝術裡也表現得很莊嚴完美，但是這都是徒然的，我們不再屈膝膜拜了。

這就是有名的「藝術終結」論。關於上述內容，我們整理成下頁三圖。

在美學本身，黑格爾繼承康德，而對康德進行了切中要害的批判。康德的形式主義和感性主義在當時美學界是占優勢的，黑格爾的全部美學思想就是要駁斥這個

大師語錄 一切美的事物只能包括在活生生的現實裡。——別林斯基

部分，強調藝術與人生重大問題的密切聯繫，和理性的內容對於藝術的重要性（後來的高達美也呼應了這個觀點[9]）。美學從康德到黑格爾的發展有了很大的轉變。康德只把美感判斷當成個別孤立的現象，不曾結合文藝實踐；黑格爾卻詳細討論藝術的理性內容和發展史，使得美學的天地更加開闊。

黑格爾對美學最重要的貢獻，在於把辯證發展的道理應用到美學中，替美學建立了歷史觀點。他把藝術的發展聯繫到「一般世界情況」來研究，即聯繫到人與自然，以及人與社會的關係，聯繫到經濟、政治、倫理、宗教以及一般文化來研究。

圖1

黑格爾對藝術之分析

1.分類的必然性

藝術活動：利用某種形象(形式)將某內容表達在某材料上

形象—內容—材料

2.藝術類型與藝術部門的關係

藝術部門		**藝術類型**
建築	外在的藝術	象徵型藝術
雕刻	客觀的藝術	古典型藝術
繪畫 音樂 詩	主體的藝術	浪漫型藝術

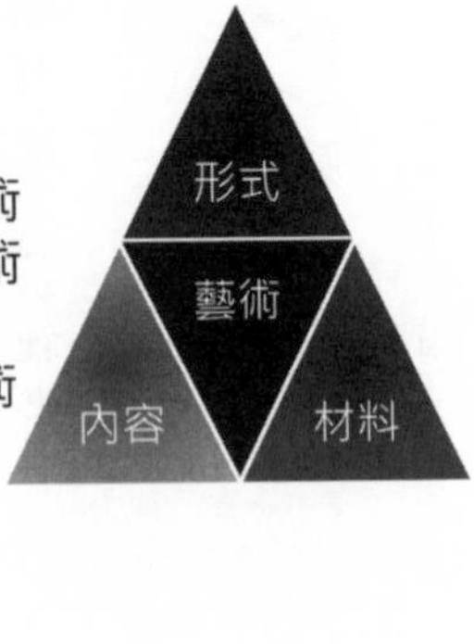

圖2　藝術類型(階段)

1.象徵型藝術
形式暗指內容

2.古典型藝術
形式符合內容

3.浪漫型藝術
內容溢出形式

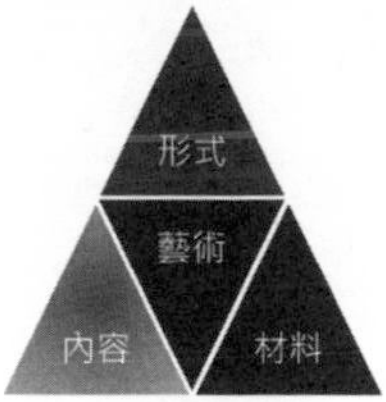

方面／類型	內容	形象	形式(形象)對內容	歷史階段
象徵型	抽象理念	外在自然現象	形式暗指內容	波斯印度埃及
古典型	精神個性	人的形體	形式與內容相符	希臘
浪漫型	無限主體性	平面音調觀念	內容溢出形式	中世

形象—內容

圖3　藝術類型與藝術部門對照

方面／類型	內容	形象	形式(形象)對內容	部門	材料媒介	歷史階段
象徵型	抽象理念	外在自然現象	形式暗指內容	建築	石頭	波斯印度埃及
古典型	精神個性	人的形體	形式與內容相符	雕刻	石頭青銅木材	希臘
浪漫型	無限主體性	平面音調觀念	內容溢出形式	繪畫音樂詩	顏色聲音語言	中世

現代美學

德國古典美學結束後，歐美各國相繼產生新的美學思想和流派，一般稱之為現代美學，早從十九世紀中葉或晚從二十世紀開始算起。這些思想和流派以不同的哲學體系為理論基礎，也和近代的自然科學有緊密的關聯。它們在研究取徑上運用了社會學、心理學等方法，在研究對象上逐漸由「美的本質」轉向「美感經驗」。和以前各時期的美學相比，二十世紀的美學包括：**表現主義美學**、**自然主義美學**、**形式主義美學**、**精神分析美學**、**分析哲學美學**、**現象學美學**、**符號論美學**、**批判理論美學**、**結構主義美學和詮釋學美學**，可說是百花齊放，令人目不暇給；此處，針對與本書各章相互關聯性較強的幾個學說來作簡要的介紹[10]。

直覺表現主義美學：克羅齊

克羅齊（Croce Benedelto, 1866-1952）是二十世紀初影響較大的義大利哲學家。在哲學上，他是新黑格爾主義者。他的美學和藝術理論著作有《美學》（1902）、《美學綱要》（1944）、《文學批評》（1894）和《詩論》（1936）。將美學定義為研究直覺和表現的科學；他的主要論點有二。

・直覺即表現

克羅齊認為直覺是藝術的一種賦形力、創造力和表現力，直覺的過程就是心靈賦物質以形式，使之上昇為可供觀照的具體形象之過程。直覺就是表現，就是創造，也就是我們今天說的「形象思維」。

・藝術即直覺

藝術的本質就是直覺。他從五個否定方面論證了藝術就是直覺的定義：第一，藝術不是物理的事實；第二，藝術不是功利的活動；第三點，藝術不是道德的活動；第四，藝術不具有概念知識的特性；第五，藝術不同於自然科學和數學。在否定上述五者之後，他提出了藝術是「抒情的直覺」的定義，可以稱之為「唯情論」。在西方美學史上，克羅齊的理論可以說是最系統，最完整的形象思維理論；他的理論後來被柯林伍德（R. C. Collingwood, 1889-1943）繼承、發展和修正。

大師語錄　意志通過單純空間性現象的客觀化就是美。——叔本華

實用主義美學：杜威

約翰．杜威（John Dewey, 1859-1952）是美國實用主義的代表人物；實用主義於十九世紀末從美國東岸開始流行，於二十世紀前半期最為盛行。在實在主義者哲學家中，杜威的著作最多，思想最豐富，影響也最深遠，是一位集大成的宗師；我們將在DAY 4詳述。

符號學美學：卡西勒

符號學（或記號學）廣義上是指研究符號意義的人文學科，但由於涵蓋的範圍過於廣泛，所以一開始並未獲得重視，直至二十世紀下半期結構主義（以李維史陀為代表者）興起，才發揮影響力。不過，現代符號學的真正源頭是瑞士語言學家索緒爾，他的《普通語言學教程》（1916），將符號分成「能指」（Signifier）和「所指」（Signified），確立了符號學的基本理論，影響了後來李維史陀和羅蘭．巴特的結構主義，被譽為現代符號學之父。然而，符號學本身是以文化研究為主軸，只有少數學者建構出美學理論，把美感和藝術現象歸結為文化符號，其中最重要的人物就是卡西勒。

卡西勒（Ernst Cassier, 1874-1945）並沒有專門的美學著作，他的美學理論散見在其文化哲學（含神話研究）的著作裡。依卡西勒的看法，人可被定義為會創造與使用符號的動物，想要了解人以及人的文化，只有通過神話、宗教、語言、藝術、科學、歷史等符號形式的研究才有可能；藝術是人類文化的符號形式之一，它和其他的符號形式（如科學）最大的不同，就在於藝術具有直觀形象的感性形式。藝術就是一種構造形式的活動，一方面構造生命，一方面構造生活和自然的形式，所以在藝術作品中，我們可以看到生命，也可以看到整個世界。

可惜的是，卡西勒沒有建立起完整的美學理論就去世了，繼承他的思想並完成符號論美學系統的是蘇珊·朗格，我們將在後現代美學的部分介紹她。

結構主義美學：李維史陀

結構主義（Structuralism）是一種文化、哲學思潮，出現於一九四〇至五〇年代，六〇年代達到極盛，七〇年代起逐漸衰落；它並不是個統一的學派，它的核心思想認為，一切事物必須處在一定的整體系統結構之中，才具有意義，並且把結構

大師語錄

我的目光始終注視著希臘的兩位藝術之神：日神和酒神……日神是美化個體化原理的守護者，唯有通過它才能獲得解脫；相反，在酒神神祕的歡呼下，個體化的魅力煙消雲散，通向存在之母、萬物核心的道路敞開了。——尼采

分析視為觀察、研究和分析事物的基本方法，力圖發現事物背後的結構模式；將這種方法應用在美學上，就成了結構主義美學理論。前期的代表人物是李維史陀（Levi Strauss, 1829-1902；另譯「李維—史特勞斯」）；後期代表人物則是羅蘭・巴特（Roland Barthes, 1915-1980）。本節要介紹的是李維史陀的結構主義美學，至於羅蘭・巴特將於下節「後現代」的部分介紹。

李維史陀的主要貢獻在神話研究，他把神話當成一個客觀整體的系統，從外層至裡層進行結構分析；他也打破以往神話研究的地域限制，力圖發現全世界神話的普遍結構。他的美學理論延伸自他的神話研究，他把藝術放在科學和神話的關係中來討論，認為藝術是處在科學概念和神話（或巫術）符號二者之間的東西，是這兩者的綜合：一方面有概念的特點，另一方面又具有形象的特點。而藝術和神話不同之處，在於神話通過結構去創造事件，藝術卻是透過事件去揭示結構；這是就藝術創造來說。而就藝術欣賞來說，欣賞者經歷了和創作者同樣的過程：這個過程包含「滿足智欲」和「引起美感」兩個部分，前者是通過藝術作品所呈現的事件去發現結構，而後者則是欣賞者心中所形成的結構與事件的統一。

現象學美學：茵加登和杜夫海納

現象學美學11是以現象學的理論和方法作為哲學基礎的一個美學流派，其中最有成就的是茵加登和杜夫海納。

現象學興起於二十世紀初的德國，創始人是胡塞爾（Edmund Husserl, 1859-1938），他本人並未建立一套美學理論，不過他的現象學方法和理論卻被應用到美學上，而成為現象學美學。現象學最重要的口號就是「回到事物本身」；這裡的事物，指的不是客觀事物，而是呈現在人們意識中的的事物，也就是「現象」。因此，回到事物本身指的就是回到意識領域。要回到事物本身，就要丟開通常的思維方式，採取「現象學的還原」，把我們通常的判斷「懸置」起來，放入括號、存而不論。通過這種「現象學還原」就可以直覺到純意識的本質或原型（他稱之為「本質直觀」），最後發現意識有一種基本結構：意向性，即意識總是指向某個對象；世界離不開人的意識，如果離開了，就沒有價值和意義。胡塞爾的現象學對美學有重大的影響，對海德格、沙特、梅洛·龐蒂、高達美等存在主義者、現象學家和詮釋學家都產生了巨大的影響。

大師語錄　沒有東西比醜更美。——波林

✲ 茵加登的現象學美學

茵加登（Roman Ingarden, 1893-1970）是波蘭哲學家，早年入華沙大學哲學系，後來留學德國，曾受教於胡塞爾。獲得博士後回波蘭任教，主要著作有《文學藝術作品》（1931）、《對文學的藝術作品的認識》（1937）、《藝術作品的存有學》（1962）、《體驗、藝術作品和價值》（1969）等等。他努力探究美感對象的結構，分析美感作用和美感對象之間的價值關係。他在《文學藝術作品》一書中提出，文學作品是個多層次的，由四個異質的層次構成：一、語音層；二、語義層；三、圖式化的觀相層；四、再現的客體層。這四個層次既具有各自獨立的美感價值，又是有機的統一體，形成作品的整體價值。

語音層是指作品的字、詞、句、段、章，顯示出一定的組織結構和一定的音韻效果，並因此形成一定的節奏、旋律。茵加登認為，人們不是先理解詞語聲音再理解詞語意義，兩種理解是同時發生的。在理解詞語聲音時，人們就理解了詞語的意義，而這就是第二層：語意層。就語意層來說，字詞的意義並不完全由該字詞孤立的意義而定的，而是由其整體或單位決定的，整體或單位不同，意義也隨之改變，我們可以稱之為意義單位。正是這一個個意義單位，構成了茵加登的第三層「圖式化的觀相層」。「觀相」就是客體向主體顯示的方式，觀相所組成的層次，只是骨架式的或圖式化的，其中充滿了許多未定點，有待讀者們用想像去連接和填充，從而使文學客體豐滿化和具體化。第四層是再現客體層：再現客體是文學作品中虛構的對象，並不是客體本身；這些虛構的對象組成了一個想像的世界。

☼ 杜夫海納的美感經驗現象學

杜夫海納（Mikel Dufrenne, 1910-1995）是法國美學家，現象學美學的主要代表人物之一，畢業於巴黎高等師範學校，曾任普瓦提埃、巴黎等大學教授。他將茵加登的現象學美學經驗主義化，把研究重點由創作主體的「意向性」轉向鑒賞主體的「美感經驗」，以美感對象和美感知覺作為研究的中心。認為美感對象和美感知覺是不可分的，只有藝術作品與美感知覺的結合，才會出現美感對象。

杜夫海納的主要著作有《美感經驗現象學》（1953）、《先驗的概念》（1959）、《語言與哲學》（1963）、《詩學》（1963）、《為了人類》（1968）、《美學與哲學》（2卷，1967-1976）等。其中最有系統的反映其現象學美學的思想者，為《美感經驗現

大師語錄 上帝是三種美的根源：物質美、智性美、道德美。
——庫桑

象學》一書。此書的主要內容是描述藝術所引起的美感經驗，可分為五大部分：一、美感經驗與美感對象；二、美感對象的現象學；三、藝術作品的分析；四、美覺知覺的現象學；五、美感經驗批判。杜夫海納最突出的貢獻，在於把分析美感經驗當作自己的首要任務並提出了一系列富有獨創性的見解，在現代西方美學中產生了廣泛的影響，具有典型意義。

詮釋學美學：高達美

「詮釋學」（Hermeneutics）一詞源於希臘神話中的「赫墨斯」（hermes），赫墨斯負責傳遞神的訊息，是人神之間的溝通者。詮釋學的前身，在中世紀是作為「解經學」而出現的。近現代詮釋學的重要人物有：施萊爾馬赫（1768-1834），狄爾泰、海德格、高達美（Hans-Georg Gadamer, 1900-2002，另譯「伽達默爾」）、呂格爾（Paul Ricoeur, 1913-2005）；他們未必都有發展美學理論，其中與美學問題最相關者，當屬高達美，以下介紹他的詮釋學美學。

・哲學詮釋學與美學的關聯

高達美哲學詮釋學所要解決的根本問題是真理問題。在他《真理與方法》的「導言」中，就講到詮釋學從來就不是一個方法問題，「理解」的現象滲透到人類世界的一切方面，不能把它歸結為某種科學方法。該書的出發點就是要在現代科學的範圍內抵制科學方法的萬能要求，尋求立於科學方法之外的經驗方式。在哲學、藝術、歷史、語言等非科學的領域裡也存在著真理，他的詮釋學就是要探討這些不能用科學方法加以證實的經驗方式。

・藝術經驗中的真理問題

在《真理與方法》中，從一開始就分別研究了藝術經驗、歷史經驗和語言領域中的真理；其中關於藝術經驗真理的探索，就是美學，這構成了他的哲學詮釋學中一個極其重要的組成部分。他認為，「美學必須在詮釋學中出現」「詮釋學在內容上尤其適用於美學」。

高達美對於傳統的美學理論進行批判，康德是被檢視的對象。他認為康德的貢獻在於：在美學上首創了美感意識的自主性；其缺陷則在於，康德把美看成純主觀，

大師語錄　美只有一種典型，醜卻千變萬化。——雨果

把藝術看作與概念、知識相對立的，這就導致了徹底的主體（觀）化，導致了藝術與真理的隔離，完全排除了真理問題。高達默爾認為藝術也是一種認識，藝術中也有真理，而且是科學所無法企及的真理。因為，依據海德格（Martin Heidegger, 1889-1976）的美學，藝術顯現的是存在者的真理[12]，藝術的真理具有存有學[13]的意義。

・藝術作品存有學：遊戲說

在批判康德美學、發揚海德格美學的基礎上，高達美提出了自己的藝術作品存有學：遊戲理論。這個理論是在《真理與方法》中，通過對「遊戲」、「創造物」和「美感的時間性」所進行的現象學分析來說明的。

1. 高達美首先分析了「遊戲」這個在美學中具有重大意義的概念。和前人不同的是，他不把遊戲看成主體的一種行為、創造或欣賞心態等等（如康德、席勒），而是把它看成藝術作品本身的存在方式，因此遊戲就是藝術或藝術作品，對遊戲的分析，也就是對藝術或藝術作品的分析。一般人都認為遊戲者才是遊戲的主體，遊戲是通過遊戲者才得到表現的。但對高達美說，遊戲本身才是真正的主體，它獨立於遊戲者的意識；它總是一種來回重覆的運動，具有「自我同一性」，它無目的又含目的[14]，具有「無目的的理性」這一極為重要的特質，「遊戲最終只是「遊戲運動的自我表現而已」。

再者，「遊戲始終要求與人同戲」，也就是說，遊戲者要求觀看者的參與，觀看者不只是觀眾，他也是遊戲的一部分。因此，「遊戲也是一種溝通的活動」。透過對遊戲的分析，高達美肯定了藝術的獨立自主性、自我表現性和溝通行動。他指出把藝術作品和欣賞者隔絕，是錯誤的，現代藝術的特徵之一，就在於打破藝術與觀眾之間的距離。

2. 高達美進一步把遊戲理解為創造物。作為創造物，遊戲（藝術作品）有了獨立而超然的特徵，它是從遊戲者藝術家）的行為分離出來的，這是它面對的是「觀照者」規定的，所以遊戲者（藝術家）消失了。不僅如此，藝術作品還為我們創造一個非現實的世界，「創造物是在自身中封閉的另一個世界」，它有自身的尺度，不能用模仿的真實性來衡量；它超越了現實的真實性，比現實更真實，這是一種可能的、期望的未被確定的真實。同時創造物還意味著觀念性，是一個「意義的整體」，可以被反覆表現，反覆理解。藝術的意義即藝術經驗中的真理，它不同於科學的真理或命題的真理；藝術在本質上是象徵的，所謂創造物就是象徵物。

大師語錄 美是生活，醜就是生活的例化所呈現的東西。
——車爾尼雪夫斯基

3. 高達美還以節日為例，分析了藝術作品的時間性。節日是什麼？節日就是慶祝，它「是在演變和復現中獲得其存在的」。同時節日慶典又是為觀賞者存在，由觀者的認同和參與規定的。藝術作品和節慶時間一樣，它在歷史長河中，不論經過怎樣的變遷，流傳下來總是立於現在之列，與現在之物並行，它也是在反覆的認同和參與中才存在的。通過對藝術作品時間性的分析，高達美強調藝術作品是在觀照者的認同和參與下不斷生成的，對藝術作品的感受和領悟永遠是獨特新穎的，因此，藝術的現在性或同時性，是藝術具有永久價值和魅力的基礎。

·貢獻與影響

高達美的美學是現代西方美學最主要的成就之一，是美學史的重大貢獻，他的美學特點就是強調美感理解的歷史性：人類的藝術作品和美感活動，歸根就柢是人類一種歷史性的詮釋活動和溝通行動，其價值和意義不在於模仿現實，也不在於表現主體情感，而在於不斷地揭示存有的真理。高達美的影響是巨大的，六〇年代後半期，德國興起的以堯斯（Hans Robert Jauss, 1921-）和伊瑟爾（Wolfgang Iser, 1926-）代表的「接受美學」，美國的「讀者反應評」等流派，都直接受到了高達美美學的影響。

後現代美學

後現代美學從六〇年代至八〇年代經歷了一個劇烈的變動，是西方美學發展的一次重大反撥，具體表現在如下幾方面[15]：一、從結構到解構；二、從作者、文本到讀者、接受；三、從系統美學至反系統美學，透過這些方面，我們把蘇珊・朗格、解構主義（後結構主義）、社會批判理論（特別是後期的思想家）放在「後現代」這個部分來論述。

蘇珊・朗格的符號論美學

蘇珊・朗格（Susanne K. Langer, 1985-1982）是美國符號論美學家，也是西方極少數有名的女哲學家之一，師從卡西勒，並將其符號論美學系統發展完善。她的美學要點有二。

大師語錄 我們越是醉心於「美」，我們就和「善」離得越遠。
——托爾斯泰

・藝術是人類情感符號的創造

她認為藝術就是將人類情感呈現出來供人觀賞、把人類情感轉變為可見可聽的形式的一種符號手段；我們可稱之為「表現符號體系」，以區別於語言的「邏輯符號體系」。她給藝術下的定義是：藝術是人類情感符號的創造；藝術符號具有表現情感的功能，表現性是一切藝術的共同特徵，只不過藝術表現的不是個人的情感，而是人類的普遍情感。

・藝術幻象說

蘇珊．朗格認為藝術的創造不同於物質產品的製造，因為藝術是藉著想像力和情感符號創造出現實世界所沒有的、新的「有意義的形式」來表達情感；也就是說，藝術是在創造各種「幻象」：繪畫、雕塑、建築等造型藝術造出的幻象是「虛擬空間」，音樂藝術則是「虛擬時間」，舞蹈藝術是「虛擬的力」，而文學藝術則是「虛擬的經驗和歷史」。這種分析其實就是透過「基本幻象」來為藝術分類。

後結構主義（解構主義）：羅蘭・巴特

羅蘭・巴特（Roland Barthes, 1915-1980）是法國的文學批評家和社會學家，是結構主義的代表人之一，也是後結構主義（解構主義）[16]的創始人之一。羅蘭・巴特的美學思想複雜多變，大致可分為兩個時期，以他的名著《S/Z》（1970）的發表為分界點。前期為其結構主義的成熟期，後期則是他轉向後結構主義（解構主義）的時期。本節只將焦點集中在他的後結構主義美學之上。

羅蘭・巴特的後結構主義美學主要表現在文學批評的理論上。在他的《S/Z》中，他特別強調讀者對於文本的作用；他將文本分為「閱讀性文本」和「創造性文本兩種」。閱讀性文本是靜態的、「能指」和「所指」的意義關係是固定的，讀者對於文本的關係是被動的，要麼接受要麼拒絕。而創造性文本是動態的，「能指」和「所指」的意義關係是無限擴張的，讀者對於文本的關係是主動的；現代派的作品就是開放性的文本，這才是真正的文本，古典作品則是閱讀性文本，是過時的、僵死的。很重要的一點是，創造性文本並不是作者創造的，因為文本一旦形成，作者就沒有太大的作用了，所以他說過「作者已死」這句名言；實際上，文本通過讀者的閱讀，才會

大師語錄　要想逃避這個世界，沒有比藝術更可靠的途徑；要想同世界結合，也沒有比藝術更可靠的途徑。——歌德

不斷地產生新的意義，所以是讀者對創造性文本起決定性的作用。

社會批判理論美學：馬庫塞、班雅明、阿多諾

一九二三年德國梅茵河畔的法蘭克福大學，成立一個社會研究所，由霍克海默（Max Horkheimer, 1985-1973）擔任所長，「法蘭克福學派」開始形成。這個學派基本上是從馬克思主義的立場出發，來解釋社會生活的每個方面，形成了一套理論，統稱為「社會批判理論」。法蘭克福學派的美學理論則是「社會批判理論美學」，這個美學流派的代表人物有馬庫塞（Herbert Marcuse, 1898-1979）、班雅明（Walter Benjamin, 1892-1940）和阿多諾（Theodor W. Adorno, 1903-1969）。

☼ 馬庫塞的美學理論：

馬庫塞的美學要點可分為如下數點。

・美感與藝術是對現實的超越

他從佛洛依德理論出發，將當代文明看成是由「壓抑的理性」所統治的、喪失自

由的異化社會。人欲獲得自由，必須先擺脫理性的壓抑並廢除理性統治所造成的異化，這可以透過人類的兩種心理功能來達成：幻想與想像。而這兩種心理功能集中表現在美感和藝術活動之中。所以美感和藝術就是對現實的超越、否定和「大拒絕」，可以讓人達到自由、擺脫壓抑。

・美感形式理論

馬庫塞指出，藝術和人類其他活動的區別，不在於內容，也不在純形式，而是在於「美感形式」。他認為藝術作品並非內容與形式的機械式統一，也不是一方壓倒另一方，而是內容向形式的生成、內容變成形式。這種生成的形式便是美感形式；它是對現實社會的超越與昇華，能創造出不同於既成世界的新世界，使人解放。

・建立新感性

他的「新感性」是與「舊感性」相對的。所謂的舊感性是一種受理性壓抑的感性，是一種失去自由的感性。新感性是從美感與藝術中造就出來的，能給人新的語言，新的生成方式，達到新秩序並建立新世界。

大師語錄　藝術家能夠發現外形下透露出的內在真理，而這個真理就是美本身。——羅丹

☼ 班雅明的美學理論

班雅明的美學主要著作是《機械複製時代的藝術作品》（*Das Kunstwerk im Zeitalter seiner technischen Reproduzierbarkeit, The Work of Art in the Age of Mechanical Reproduction*），成書於一九三五年，於其死後的一九六三年發表。該書是對現代工業社會中出現的一系列新藝術現象進行的描述和分析，集中體現在兩個方面：一、描述了現代工業社會的藝術所發生的一系列替變；二、它對現代工業社會中心崛起的電影藝術進行分析，揭示電影藝術的獨特意義[17]。

・藝術在現代工業中的一些替變

班雅明認為現代複製技術的水準不僅能複製一切藝術品，而且它還在藝術處理的方式中占有一席之地，使人類的藝術活動在現代工業中產生了一些替變：有韻味的[18]藝術轉變為機械複製的藝術，由藝術的膜拜價值轉向展示價值，由美感的藝術轉變成後美感的藝術，由對藝術的凝神專注轉變消遣性接受。藝術膜拜—凝神專注與展示—消遣性接受這兩種方式的不同在於：膜拜價值、凝神專注讓人沉湎在作品之中，而展示價值、消遣性接受則讓人超然於藝術品之上；前者被作品吸收，而後者吸收作品；前者喚起「移情」作用，達到「淨化」目的，後者（以電影為例）則打破觀眾視聽過程的整體感，引起驚顫的心理效應，達到「激勵民眾」的政治功能。

・電影藝術的崛起

班雅明所謂的「機械複製時代的藝術作品」指的就是「電影」。他透過與戲劇和繪畫的比較來討論電影。

首先，就電影和戲劇的差異來說：由於戲劇演員直接面對觀眾表演，而電影演員則面對一些機器來表演，這會產生如下的不同：一、由於不是直接面對觀眾來表演，所以電影演員無法立即根據現場觀眾的反應來調整自己的表演方式而激起共鳴；二、電影演員的表演很少由他本人直接操控，而是由一系列機械所決定；三、電影演員的表演徹底是為了商業生產；四、戲劇演員的表演是完整的，他直接進入角色的情緒，相反地，電影演員必按照分鏡表來進行，他的表演是被分割的。

其次，就電影和繪畫的不同來說，有如下三點：一、首先畫家和對象保持距離，電影攝影師則深入對象，分解成諸多部分，再重新組合；二、繪畫的畫面只有單一視

大師語錄　美，最廣義的審美價值，沒距離的間隔就不能成立。
——布洛

角，而電影的畫面則要能轉換諸多視角，而且畫面也更細微和精確；三、繪畫基本上是由個人觀賞，而電影則是被群體觀賞。

透過和戲劇、繪畫的比較，班雅明指出電影藝術的獨特意義：一、電影透過機械技術，編造了異樣豐富的空間，展現日常生活意想不到東西，這是其他藝術所無法比擬的；二、電影透過機械技術對現實進行分割和組合，展現了現實中非機械的方面，在程度和效果上，這也是其他藝術無法比擬的；三、電影是人類藝術的一次革命，首次將攝影中的科學價值和藝術價值結合起來。

總而言之，班雅明認為藝術的複製技術，從手工到機械的發展，是「量遽變到質」的一個飛躍，它引起了人類對於美感製造、鑑賞、接受等方式和態度的根本轉變。

☼阿多諾的美學理論

阿多諾的主要美學著作有《齊克果──美學建構》（1933）、《新音樂哲學》（1949）、《否定的辨證法》（1966）、《音樂社會學導論》（1968）、《文學筆記》（共三卷，1966-1969）、《美學理論》（1970），他的美學理論要點如下。

・藝術和反藝術

阿多諾認為藝術有雙重性：離異與否定。首先，藝術是不同於現實的東西，它是「異樣之物」（Das Andere），因此藝術不能用是否正確反應現實來衡量，這就是說藝術有自主性，是對既定現實的離異；其次，從藝術對社會的功能來看，藝術又具有否定性，是一種否定的力量，是與現實進行鬥爭的實踐方式。

阿多諾還提出了「反藝術」這個概念：他認為現代藝術已不同於傳統藝術，藝術的黃金時代隨著現代社會的人性異化而蕩然無存。「反藝術」是對現代資本主義社會異化現實的抗爭；「反藝術」也拒斥消費性的藝術——這是「文化工業」[19]的產物，它已喪失了藝術的美學原則，不能給人美的享受，只會加深異化現實對人的奴役。

・音樂美學

音樂美學是阿多諾美學的重要部分。他提出了音樂和社會的整體性原則，認為音樂和社會是相互制約的整體；音樂的存在和演變是由社會現實決定的，反過來又對社會現實起拯救的作用。他認為音樂的經驗，不單只是音樂的，而且還是社會的。傳統音樂的失勢是由於觀眾反應的退化，這是因現代工業社會的音樂消費實踐所造成的。

大師語錄　美使我們與世界合成一體，崇高使我們淩駕於世界之上。
——桑塔耶那

現代的音樂之所以能受到觀眾的歡迎，是因為它具有新的表現方式和美感特徵，因此，雖然社會異化了，使人失望，但現代音樂透過否定的力量，能夠間接挽回人們在現實中失去的希望，達到拯救絕望的作用。

延伸閱讀與推薦影片

延伸閱讀

加達默爾（高達美）著，洪漢鼎譯，《真理與方法》第一卷「作為存有論闡釋部門的遊戲」頁149-193），台北：時報，1993。今天所談的「遊戲理論」是不是蠻有啟發性的？那就讀一下原著吧！

推薦影片

「午夜・巴黎」（Midnight in Paris, 2009），這是由伍迪・艾倫（Woody Allen）編

劇並執導的一部以巴黎為背景的浪漫喜劇和奇幻電影。影片表現的主題是懷舊情緒、現代主義和存在主義；主角穿越時空，遇到了不同時代不同流派的文人和藝術家，包括菲茨傑拉德（Francis Scott Key Fitzgerald）、科爾・波特（Cole Porter）、海明威（Ernest Miller Hemingway）、貝克（Josephine Baker）、畢卡索（Pablo Ruiz Picasso）、斯泰因（Gertrude Stein）、羅特列克 Henri Marie Raymond de Toulouse-Lautrec-Monfa）、高更（Paul Gauguin）、竇加（Edgar Degas）、達利（Salvador Domingo Felipe Jacinto Dali i Domenech）、曼雷（Man Ray）、路易斯・布紐爾（Luis Buñuel）、艾略特（Thomas Stearns Eliot）、馬諦斯（Henri Matisse）、羅丹（Auguste Rodin），可以說是一部近現代文藝史的參考影片。

大師語錄　藝術就是反抗。——馬庫塞

3分鐘重點回顧

❶ 笛卡兒的思想基調是理性主義，而這對於新古典主義的文藝實踐和理論產生了廣泛而深刻的影響。

❷ 新古典主義的立法者和代言人是布瓦洛，他說：「讓自然做你唯一的研究對象」。

❸ 休謨是英國經驗主義的集大成者。他的企圖就是要把「哲學的精密性」帶到美學領域裡來。

❹ 弋特舍德的哲學出發點是笛卡兒加上德國哲學家萊布尼茲和伍爾夫的理性主義，認為文藝基本上是理智方面的事，只要根據理性，掌握了一套規則，就可以如法炮製。

❺ 萊布尼茲是德國理性主義哲學家們的領袖。他認為人生來就有些先天的且先於經驗的理性認識。他把「連續性」原則應用到人的意識，認為「明晰的認識」是認識的最高階段，下面有不同程度的「朦朧的認識」。

❻ 伍爾夫替美所下的定義是：「一種適宜於產生快感的性質，或是一種顯而易見的完善」，「美在於一件事物的完善，只要那件事物易於憑它的完善來引起我們的快感」。

❼包姆加通在一七三五年發表的《關於詩的哲學默想錄》首次提出建立美學的建議。從此，美學作為一門新的科學就誕生了。

❽康德把美感判斷分為「美的分析」和「崇高的分析」。「美的分析」中所得到的關於純粹美的結論基本上是形式主義的；而在「崇高的分析」中，他不但承認崇高對象一般是「無形式的」，而且特別強調崇高感的道德性質和理性基礎，這就是放棄了「美的分析」中的形式主義。

❾整個黑格爾的哲學體系，就是「精神」（Geist）自我認知、化隱為顯、由內而外、由具體而普遍、由感性到理性的過程。他的美學也必須放在這個脈絡來看。

❿克羅齊認為直覺是藝術的一種賦形力、創造力和表現力，直覺的過程就是心靈賦物質以形式，使之上昇為可供觀照的具體形象之過程。

⓫卡西勒認為，人可被定義為會創造與使用符號的動物，如想了解人以及人的文化，只有通過神話、宗教、語言、藝術、科學、歷史等符號形式的研究才有可能。

⓬李維史陀的主要貢獻在於神話研究，他把神話當成一個客觀整體的系統，從外

層至裡層進行結構分析；打破以往神話研究的地域限制，力圖發現全世界神話的普遍結構。

⑬現象學的創始人是胡塞爾。現象學最重要的口號就是「回到事物本身」；這裡的事物指的不是客觀事物，而是呈現在人們意識中的的事物，也就是「現象」。因此，回到事物本身指的就是回到意識領域。

⑭茵加登認為，文學作品是個多層次的，由四個異質的層次構成的：1.語音層、2.語義層、3.圖式化的觀相層、4.再現的客體層。這四個層次既具有各自獨立的美感價值，又是有機的統一體，形成作品的整體價值。

⑮杜夫海納把研究重點由創作主體的「意向性」轉向鑒賞主體的「美感經驗」，以美感對象和美感知覺作為研究的中心。

⑯高達美的美學特點就是強調美感理解的歷史性：人類的藝術作品和美感活動，歸根到底是人類的一種歷史性的詮釋活動和溝通行動，其價值和意義在於不斷地揭示存有的真理。

⑰蘇珊．朗格給藝術下的定義是：藝術是人類情感符號的創造；藝術符號具有表現情感的功能，表現性是一切藝術的共同特徵，只不過藝術表現的是人類的普

遍情感。

⑱ 羅蘭．巴特說過「作者已死」這句名言。文本通過讀者的閱讀，才不斷地產生新的意義，所以是讀者對「創造性文本」起決定性的作用。

⑲ 馬庫塞指出，藝術和人類其他活動的區別，不在於內容，也不在純形式，而是在於「美感形式」。

⑳ 班雅明認為藝術的複製技術，從手工到機械的發展，是「量遽變到質」的一個飛躍，它引起了人類對於美感製造、鑑賞、接受等方式和態度的根本轉變。

㉑ 阿多諾提出了「反藝術」這個概念：他認為現代藝術已不同於傳統藝術，藝術的黃金時代隨著現代社會的人性異化而蕩然無存。

本章注釋

1. 關於DAY 3「美學經歷什麼樣的發展與演變？」這一部分的內容，乃取材如下兩本書，故不再特別標註出處：(1)朱光潛，《西方美學史》上、下卷；(2)李醒塵，《西方美學史教程》；原則上，近代美學部分，以上二書都是資料來源，但是主要是取材自(1)，而現代美學和後現代美學部分，則是取材自(2)。基本上補充的註解都是作者所下的，不是原書原來的註解。作者沒有更動原書的文句，除了如下狀況：1.兩岸譯名不同，則直接修改，不另作說明；2.因應本文需要，統一名詞；3.查閱所引原典內容，發現引文或譯文有問題時，會修改其中文句；4.原典文句是我補充引用時，我會特別加註說明。
2. 兩者的區分詳見註15。
3. 「Renaissance」一詞意譯為「再生」（re-naissance）。
4. 日文長期以來也用「文芸復興」，但現在較不常用；現在歷史學和美術史較長用的是「Renaissance」的音譯片假名「ルネサンス」。
5. 關於笛卡兒的理性主義哲學，可以參見《今天學哲學了沒》，頁92以及頁128-132。
6. 參見《今天學哲學了沒？》經驗主義部分，頁93。
7. 聯想（association），是一個心理學的基本原理，指的是：在時間或空間中相近、或性質上類似的觀念或心理狀態的連結，比如說，在追憶起過去的事件或經驗時，也會對和這些事件有某些關係的其他事件和經驗同時追憶起來。後來，「聯想」這個概念的應用範圍逐步擴大，還一度用來概括除原始感覺外的一切心理活動。同時，聯想主義則成為概括全部心理學的理論；聯想主義通常被認為是英國的學說：洛克（John Locke）首次採用了「觀念的聯想」（Association of ideas）的概念；休謨則提出聯想的三種基本形式：相似聯想、時空相鄰聯想及因果。其他的代表人物有：哈特利（David Hartley）、密爾父子（James Mill、John Stuart Mill）以及貝恩（Alexander Bain）等人。

8. 《美學》（演講錄）是他死後，編者根據他當時授課時學生的筆記編輯而成的。

9. 見 DAY 3「現代美學」談到「詮釋學美學」的部分。

10. 如果要快速的知道這些學派說什麼、做什麼，本書會以番外編的形式，分別從時期與議題兩方面，整理出兩個表，放在書末，供讀者查閱。

11. 主要的代表人物有康拉德（Hedwig Conrad-Martius, 1888-1966）、蓋格（M. Geiger, 1880-1937/1938）、茵加登、杜夫海納（Mikel Dufrenne, 1910-1995）等人。

12. 用海德格自己的話來說，就是：藝術的本質就是「存有者的真理自行設置入作品」（the truth of beings setting itself to work）。

13. 或譯「本體論」。

14. 玩遊戲時是沒有任何目的的，這是「無目的」；或者說，玩遊戲本身就是目的，這就是「合目的」。

15. 參見朱立元主編，《現代西方美學史》，頁757-758，上海：上海文藝出版社，1993。當然也有論者（丹托）認為「現代」與「後現代」（或「當代」）之區別，一直要到七〇至八〇年代才真正明朗，但兩者的區別與其說是「時間」的區別，還不如說是「風格」的區別，參見林雅琪、鄭惠雯譯，丹托（Arthur Danto）著，《在藝術終結之後》，頁36，台北：麥田，2010。關於「現代」與「後現代」美學的區分，本書是以「風格」為主、「時間」為輔來作為區分的標準，所以我們把「結構主義」放在現代美學的部分，而把解構主義（後結構主義）、詮釋學美學、社會批判理論（放在後現代美學來論述。

16. 後結構主義（post-structuralism）或解構主義（deconstructivism）最早出現於六〇年代，原為結構主義的羅蘭・巴特、傅科（Michel Foucault, 1926-1984）、拉康（Jacques Lacan, 1901-1981）後來都轉向了後結構主義，而德希達（Jacques Derrida, 1930-2004）更是其中的代表人物。

17. 關於班雅明，來源如下：劉慧姝，〈本雅明：機械複製時代的藝術作品〉，收於朱立元主編，《西方美學名著提要》，頁384-389，南昌：江西人民出版社，2000。

18. 「韻味」（aura，或譯「靈光」），指的是傳統藝作品的「即時即地性」、獨一無二性，就好比作品本身特有的一圈「神韻」或「靈光」；現代機械複製出來的藝術作品則失去這種獨一無二性或韻味。

19. 請注意阿多諾所說的「文化工業」（Kulturindustrie），它的英文翻譯是「culture Indrustry」而不是「cultural industries」——這是目前方與未艾的「文化產業」（cultural industries）或「文化創意產業」（cultural and creative industries）的用法。阿多諾所說的「文化工業」，會加深人的異化；而「文化產業」或「文化創意產業」則是要過新的形式的創造來延續並行銷文化。兩者形似，而實質不同，參見周德禎、賀瑞麟等著，《文化創意產業：理論與實務》，頁5，台北：五南，2012。

Day 04 Thursday

星期四

美感經驗與形式

美感活動的全體：主體、經驗和對象三者缺一不可。問題在於，美感經驗之主要貢獻者（具有主動者），是主體還是對象？是主體的美感態度對美感經驗起決定作用？還是客體的美感對象的某些性質起決定作用呢？

美感經驗與形式：美在哪裡？什麼樣的東西才是美的？

誰對美感有貢獻：美感態度、美感對象與美感經驗

☼從「美」到「美感經驗」

近代以來，西方美學研究的基本轉向之一，是由探討「美是什麼？」（存有學[1]的問題）；逐漸轉向探討「人如何感受美？」（美感經驗的問題）。這種轉向，其實比

較符合「美學」（aesthetica）一詞的原始涵義：「感性學」。轉向的原因或許是對於「美的討論」（以及「大理」的討論）遇到了如下三者的反對：英國經驗主義、對美感的心理學研究，以及德國藝術家所採取的浪漫主義。前兩者對美感經驗的主觀性進行反省，而後者反對「美」的主流學說：「偉大理論」中的「理性主義」元素[2]，這些都促成由美的存有學問題轉向美感經驗的研究。

美感經驗的整體

美感活動的全體，涉及主觀面（即美感主體的美感態度）、客觀面（即美感對象），以及連結二者的美感經驗，如下面圖1所示。

這個美感活動的全體：主體、經驗和對象三者缺

圖1

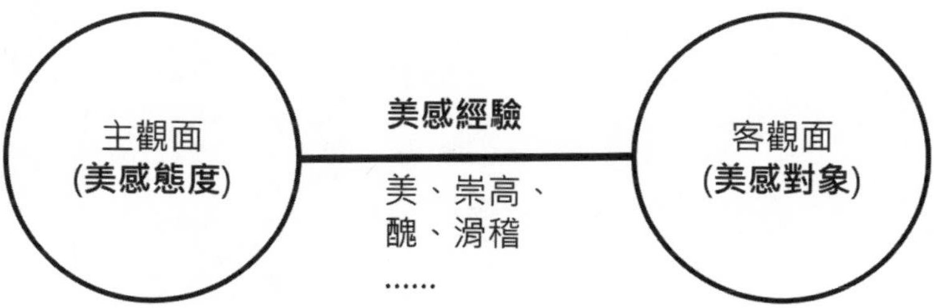

大師語錄 即使最完美的複製也總是少了一樣東西：那就是藝術作品的此時此地。——班雅明

一不可。問題在於，美感經驗之主要貢獻者（具有主動者），是主體還是對象？是主體的美感態度對美感經驗起了決定作用？還是客體的美感對象的某些性質起決定作用呢？

舉例來說：雨後的山形，我覺得很美，這是「美感的經驗」；但為什麼會有這樣的美感經驗，是由於「山形本來就美」，還是因為「我有感受美的心」？認為「山形之美」起了決定的作用，是客觀派的看法。認為「山之美」是取決於能欣賞的人，人的美感能力才是關鍵，這是主觀派的看法。當然主觀派和客觀派只是粗略的區分，實際上各家學說的差異是非常複雜的，但透過這個粗分，對美感經驗進行初步的理解，基本上還是可行的。

理論派別：主觀派、客觀派、互動派

承接了上面的介紹，我們知道在美學理論之中，對於美感經驗可分為主觀派與客觀派；在對這兩者進行論述之後，我們還會介紹另闢蹊徑的互動派。

客觀派的主張：畢達哥拉斯、柏拉圖、賀加斯

客觀派在歷史上出現的比較早[3]，主要代表的學派及人物有古代畢達哥拉斯學派（Pythagoreanist）的「美在和諧與比例」、柏拉圖的「美的普遍性與客觀性」以及近代賀加斯的「美在形式」。他們的共同點為：美有個客觀的標準。

※ 畢達哥拉斯學派：美在和諧與比例

所謂的「畢達哥拉斯學派」，並不只是畢達哥拉斯的一群學生，而是畢達哥斯所創的宗教性社團的成員[4]。畢達哥拉斯派提出的「美是和諧與比例」及「黃金分割」的觀點對後世有很大的影響。這派學說認為，我們之所以認為物體美，主要是因為物體具有某種「和諧」或某種數的「比例」，也就是說，美感經驗是起於美感對象的客觀性質。以音樂為例，畢氏學派「**從數學和聲學的觀點去研究音樂節奏的和諧，發現聲音的質的差別**（如長短、高低、輕重等），**都是由發音體方面量的差別來決定的……因此，音樂的基本原則在數量的關係，音樂節奏的和諧是由高低長短輕重各種不同的音調，按照一定數量上的比例所組成的……畢達哥拉斯學派把音樂中和諧的道**

大師語錄　一個有感動力的藝術品不一定有美感，但是美感有時候可以增加感動力。——漢寶得

理推廣到建築、雕刻等其他藝術，探求什麼樣的數量比例才會產生效果，得出一些經驗性規範……例如在歐洲有長久影響的『黃金分割』（最美的線形為長與寬成一定比例的長方形）就是這派發現的。他們也有時認為圓球球形最美。這種偏重形式主義的萌芽。」[5]

畢達哥拉斯派的美感經驗論可以簡述為：人（**美感主體**）認為某物（**美感對象**）很美（**美感經驗**），是因為那個物體上體現了「和諧」，而該物體之所以和諧，是因為它符合一定數量的比例。美在於和諧，而和諧在於比例。比例是一種數量的關係，它是一種客觀性質。畢氏學派可以稱之為客觀派的鼻祖。

☼ 柏拉圖：美在理型

在理解柏拉圖的美學之前，需要先理解其哲學整體；我們可以透過《理想國》中的一個故事來理解：洞穴之喻。

・「洞穴之喻」

柏拉圖的「洞穴之喻」[6]是說：有一群囚徒，從小被手鐐腳銬鋯住，頭只前往前方看，所看到的只是洞穴牆壁上的動物標本的影子；洞穴外的自由人搬移動物的標本會經過囚徒後方的矮牆，經矮牆後方火光的照射，這些動物標本會投影在囚徒前方的牆壁上。請見下方圖2。

這些囚徒從小就只能看見動物標本的影子，自然會以為影子就是最真實的，殊不知不僅連影子不夠真，就連標本也不夠真，真正真實的是洞穴外的動物。當然，就柏拉圖的哲學來說，即使是洞穴外的動物也不是最真實的，因為這些動物只是「理型」（柏拉圖用太陽來比喻）的一個例子而已。所以最真實的是事物是動物的

圖2　柏拉圖的洞穴之喻

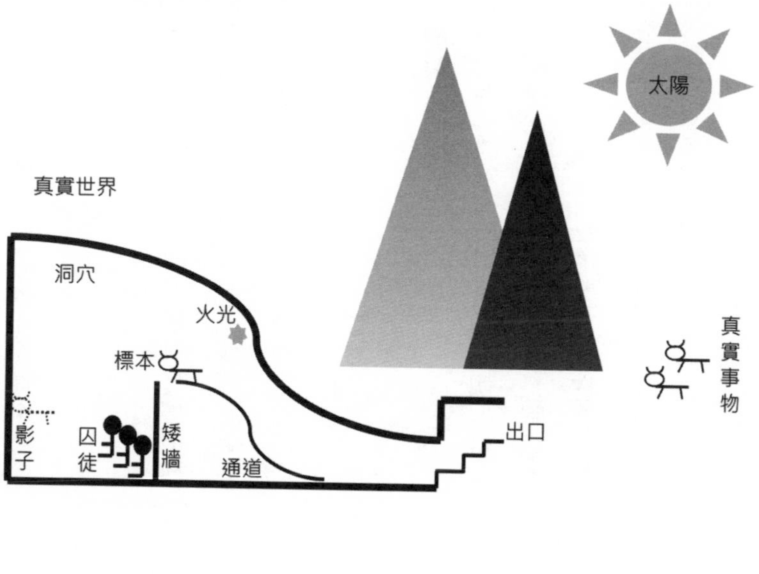

大師語錄　充實之謂美，充實而有光輝之謂大，大而化之之謂聖，聖而不可知之之謂神。——孟子

「理型」（理想形式），其次才是真實的動物，然後是動物的標本，最後才是標本的影子。

美學與洞穴之喻的關連在於：真實事物是對「理型」的模仿，標本是對真實事物的模仿，而影子又是對標本的模仿，這顯示出柏拉圖對藝術的看法。藝術家就像洞穴裡看影子的囚徒一樣，不僅不知道那不是真的，還仿製它！

・特殊的美vs.普遍的美；相對的美vs.絕對的美

同為客觀派的一員，柏拉圖和畢達哥拉斯相同的部分是美在於和諧和比例，這是事物的客觀特質。但是柏拉圖卻更進一步。他認這些感官所感受的美（也就是眼睛看得到和耳朵聽得到的美）並不是「美本身」，而是只「表現美的事物」[7]；它們只是表現美之為美的「個案」，而非「美之為美」的普遍原則。「美的人事物」只是相對美，而美本身則是絕對美，它不僅自身是美，會使得所有事物成其為美。

・美的等級：會飲

柏拉圖認為美有分層級，主要可見於他的《會飲》。其所討論的主題是「愛」與「美」；在這篇對話錄中，壓軸的部分是蘇格拉底談論「美的層級」[8]。這涉及了四個步驟。

1.形體美：這裡又分為三個小階段，先是愛個別形體的美，其次是由個別形體到多個形體的美，最後到一切形體的美，由此得到形體美的概念（理型）。

2.心靈美（道德美）：之後就是從體形美上昇到愛心靈方面的道德美，這個心靈美外顯之後，就是行為制度習俗的美。

3.學問美（知識美）：再由行為制度的美，上昇到「學問知識」的美，這是種「真」的美。

4.絕對美：它涵蓋一切，它是美的本體。

這四個步驟的進程看似複雜，但其實是依照簡單的原則，亦即由感性美而至理性美；由個別事物之美而至普遍理型之美；由美之部分而至美之全體。全體就是純一永恆的絕對美，是美的止境，愛的止境，也是哲學的止境。最高美就是智慧，愛最高的美就是愛智慧，也就是「哲學」。

大師語錄　相對於真和善來說，只有美，才是無論什麼人，都能為之感動，並能充分體驗到的。——今道有信

☼ 賀加斯：美在形式

畢達哥拉斯和柏拉圖是古代人，他們並未歷經近代主體性哲學的衝突，沒有所謂「主客分裂」的問題，因此，也不是嚴格意義的客觀派；之所以把他們放入客觀派，是因為他們主張「美感經驗起於獨立於人主觀態度之外的標準」。客觀派近代的代表是賀加斯（William Hogarth, 1697-1764），他是英國著名的畫家和藝術家，他已經歷了近代主體性哲學之洗禮，然而他還是主張美的尺度有個客觀的標準，因此算是比較嚴格的客觀派；他在美學方面的代表著作是《美的分析》（*The Analysis of Beauty*）[9]，這是歐洲美學史上第一部關於形式分析的著作。

美學大師豐子愷對於美學客觀論的說明

豐子愷曾整理並申論客觀論的「五個具體條件」，看完之後，應該更能掌握客觀論[10]。

一、形狀小的：美的事物，大體來說形狀是小的。如女子形體比男人小，大概比男人美。我們看梅花覺得美，也大半是為了梅花形小的原故。假如有像傘一樣大的梅花，我們見了一定只覺得可驚，不感到美；我們看見嬰兒，覺得可愛。但假如嬰兒同白象一樣大，我們就覺得可怕了。

二、表面光滑的：美的事物，大概是表面光滑的。美人的第一要件是肌膚的光滑，故詞有「玉體」、「玉肌」、「玉女」等語。我們所以愛玉、愛寶、愛大理石、愛水晶，也是愛它們的光滑。

三、輪廓為曲線的：如賀加斯所言，曲線比直線可愛。人的顏面，直線多而稜角顯然可見，不及曲線而帶圓味的好看；美人的臉必由曲線組成。矗立的東洋建築，上方加上一個圓頂（dome），比平頂的好看。

四、纖弱的：纖弱與小相似，可愛的東西，大都是弱小的。例如鳥、白兔、貓，大都是弱小的。在人中，女子比男子弱，小孩比大人弱。弱了反而可愛。

五、色彩明而柔的：色彩的「明」，就是白的、淡的。語云：「白色隱七難」，類似我們現在說的「一白遮三醜」。色彩的「柔」，是指明暗的程度相差不可過多；柔的調子大多是美的。

我們可以舉一實例來印證這五個原則，問：「梅花為什麼是美的？」這類客觀派的學者會回答：「梅花形小，瓣光澤，由曲淺包成，纖弱，色又明柔，故美」。

大師語錄　凡是藝術家都須有一半是詩人，一半是匠人。他要有詩人的妙悟，要有匠人的手腕。——朱光潛賀加斯主張曲線比直線更美，他說：「曲線所成的物，一定美觀。故美全在事物之中。[11]」賀加斯認為物體之所以美，是在於物體本身的形式，如曲線就比直線美。從**客觀的形式上**來說而言，完全沒有波狀線的蟾蜍、豬和熊的形體是醜的，而我們也可以依照波狀線的有無或形式，來解釋不同的物體為什麼會有不同程度的美[12]。這很明顯地說出「美」與「醜」跟人的**主觀的**美感態度無關，而在於物體具有什麼樣**客觀的**形式[13]。

主觀派的主張：康德、布洛

主觀派經歷近代主體性哲學之反思、心理學之研究，不再認為美感經驗的主動性是由外在事物引起的，他們當然未必否定外在事物必須具備某種形式或比例，主體才會覺得美，但他們會比較偏重在美感經驗中主體的主動性部分。主觀派的代表人物是康德和布洛

☼「美感態度」對美感經驗的主動性

在主觀派的學說中，有幾個學說都強調「美感態度」（aesthetic attitude）對美感

經驗的主動作用。何謂美感態度？簡單地說：美感態度就是指美感主體在進行美感活動的特殊心理狀態。它會受到客觀條件（如時間、空間）與主觀心理因素（如感覺、情緒）的影響。美感態度會決定美感經驗的發生。

我們可以從狹義和廣義來定義美感態度。**狹義的美感態度**是指人們在美感活動中，面對美感對象時所抱持的態度，這種態度有別於實踐的（利益的）、理智的（科學的）和道德的態度[14]。**廣義的美感態度**是把狹義的美感態度中主體的主動性給無限誇大：對象美或不美，是由美感主體決定的[15]。這種觀點太強調美感態度對美感經驗的決定作用，容易產生問題的部分在於：美感經驗的主觀性太強了，任何對象都有可能因為主體的態度而成為美感對象，這樣一來，「外物美不美」就沒有比較客觀的標準。由於這種理論較為極端，所以一般所說的「美感態度」，指的狹義的概念。

✲ 康德論美感態度

由於康德對於美感態度的討論比較具體，他認為美感態度既不同於實用（利益）態度，也不同於科學態度以及道德態度。以下我們就以他的說法為主，進行介紹[16]。

康德關於美感態度的理論，在《判斷力批判》中，是透過「美感判斷如何可

大師語錄　美，是人間不死的光芒！——徐志摩

能？」這個問題來表現出來的，他從如下四個環節（Moment）[17]來進行：質、量、關係、樣態。

・就「質」的環節來說，美是沒有利害關係的快感

這裡的質表現為一種「不定」判斷。「質」對康德來說，就是一個判斷的「肯定」（「花是紅的」）、「否定」（「花不是紅的」）或「不定」（「花是不紅的」或「花是非紅的」）。「不定」指的就是用一個肯定的形式，表達否定的內容。因此，就「質」來說，「美是沒有利害關係的快感」，是用肯定的形式，表達否定內容。

在《判斷力批判》中，康德特別說明，美感不等於對於**快適**的愉悅（即由慾望或利益得到滿足之後的**快感**），也不等於對於**善**的愉悅（即**道德感**），因為這兩種都是和「利害」相關的[18]。對康德而言，不論快感或道德感，皆與美感不同，因為美感不涉及任何利害關係。美感是自由的，不被強迫的，而另外兩種（快感和道德感）都是被強迫的——被利害關係所強迫。

・就量的環節來說：美是沒有概念卻又具有普遍性的東西

這裡的「量」是「單稱判斷」。在邏輯上，「量」有三種：「全稱」（指涉全部）、「特稱」（指涉部分）和「單稱」（指涉個體）；相應的句型是「全部的人是有理性的」（全稱）、有些人是有理性的（「特稱」）和蘇格拉底是有理性的（「單稱」）。

關於這個環節，康德要談的問題是：如果單稱的量是指個體，那就不可能是普遍的。一般而言，要具有普遍性（普遍有效）通常必須是概念而非個體，比如說這朵花是個體，那朵花也是個體，它們彼此不同，因此不是普遍的；但它們又同屬花的概念，花這個概念是普遍的，它同時適用於天下所有的花，這就是普遍性[19]。

問題出現了，「在邏輯的量方面，一切鑑賞判斷都是單一性判斷」[20]，美感判斷都只能是單稱的，那它如何具有普遍性呢？這當然就是我們的美感經驗中主觀的假定，只不過這是每個美感主體的主觀（主體），因而具有普遍性。康德認為，美感判斷的普遍性並不是透過概念（理性、理由）而假定別人的贊同，而是直接透過每個實例（即單稱命題）「要求」其他人贊同；這就是美感判斷不透過概念，卻仍然具有普遍性的意思。美感判斷的這種要求，雖然是「假定」，但是每個美感主體都會做此種

大師語錄　我們可以從哲學的角度去談論美的定義；也可以從藝術史切入……如果現在不是從哲學切入，也不從藝術史切入，我想可以從一個非常好的角度，就是從「生活」切入。——蔣勳

假定，因此才會具有普遍性。康德的結論是：「凡是那沒有概念而普遍令人喜歡的東西，就是美。」我們可以簡化為「美是沒有概念卻又具有普遍性的東西。」

・就「關係」的環節來說：美是沒有目的卻又符合目的的東西

這裡的「關係」指的是「因果關係」；在邏輯上，關係有三種：「定言」（S是M／M是P／所以S是P）、假言（若P則Q／P，所以Q），選言（P或Q／非P所以Q）；相應於三個範疇實體性（定言）、因果關係（假言）、相互性（選言）。

關於這個環節，當康德說「美感判斷沒有目的，卻又符合目的性」時，他的意思其實是——

1.沒有目的：美感主體其實是沒有目的的，如我們賞花並不為了其他目的，我們只需欣賞它的形式或形象；而在欣賞時，就會直接得到愉快（美感）。

2.卻又符合目的：「因為對象的形式適合於主體的想像力和知解力的自由活動與和諧合作，這彷彿是由一種『意志』（康德沒有明說『天意』）來預先設計安排的。[21]」關於這個環節，康德結論如下：「美是一個對象的合目的性形式，如果這個形式是沒有一個目的的表象而在對象身上被知覺的話。」我們可以簡化為「美是沒有目的卻又符合目的的東西。[22]」

‧就「樣態」的環節來說，美是沒有概念卻又具有必然性的東西

這裡的「樣態」指的是「必然性」。樣態有三種，「可然」（相應於「可能性」）、「實然」（相應於「現實性」）、「必然」（相應於「必然性」）。

和「量」的環節相似，一般認為，能具有必然性的通常是「概念」，但是美感不具概念，為何仍有「必然性」呢？（我覺得美，為什麼別人也**必然**會覺得美？）康德的說法是：我們必然假設人與人之間具有「共通感」（**sensuscommunis**），才能說我認為美，別人也必然認為美；但是這樣的假定合理嗎？康德認為如果不假定這個共通感，那麼人與人之間的知識不可能傳達[23]。也就是說，今天如果有人要反對康德，他也同時假定這個共通感，不

康德對於美感態度的分析

環節	相應範疇	美感態度的分析
質	肯定、否定、**不定**	美是**沒有利害關係**的快感
量	全稱、特稱、**單稱**	美是沒有概念卻又**具有普遍性**的東西。
關係	實體、**因果**、相互	美是**沒有目的卻又符合目的**的東西
樣態	可然、實然、**必然**	美是沒有概念卻又**具有必然性**的東西。

大師語錄 美和實際人生有一個距離，要見出事物本身的美，須把它擺在適當的距離之外去看。——朱光潛

然他的反對是無法傳達給康德和其他人的；這個共通感的預設，就好比笛卡兒的「我在」一樣，是一個不得不然的假設。關於這個環節，康德做了如下的結論：「凡是那沒有概念而被認作一個**必然**的愉悅的對象的東西就是**美的**。」我們可以簡化為「美是沒有概念卻又具有必然性的東西。」

綜上所述，我們把康德對美感態度的分析整理如上頁表格。

✲布洛：「心理距離」說

「心理距離」[24]說是由布洛（EdwardBullough, 1880-1934）[25]提出的。所謂的心理距離，不是「時間距離」，亦非「空間距離」；他把這兩者視為心理距離的兩個特殊形式；布洛所說的心理距離，其實指的是美感態度，他認為：適當的心理距離是美感經驗的必要條件，時空距離對欣賞者的重要性是通過適當的心理距離而建立的。

距離指的是兩物之間的關係，那心理距離是指哪兩物之間的關係呢？根據布洛的說法，心理距離乃是「存在於自我與情感的對象之間」，它是「藉由把自我從實用需要和實用目的之齒輪中分開」而獲得的。

布洛有個著名的例子來說明心理距離，這個例子是「海上的霧」[26]：

乘船的人們在海上遇著大霧，是一件最不暢快的事。呼吸不靈便，路程被耽擱，固不用說；聽到若遠若近的鄰船的警鐘，水手們手慌腳亂地走動，以及船上的乘客們的喧嚷，時時令人覺得彷彿有大難臨頭似的，尤其使人心焦氣悶。船不死不活地在駛行，茫無邊際的世界中沒有一塊可以暫時避難的淨土，一切都任不可知的命運去擺布，在這種情境中最有修養的人也只能做到鎮定的工夫。但是換一個觀點來看，海霧卻是一種絕美的景致。你暫且不去想到它耽誤了程期，不去想到實際上的不舒暢和危險，你姑且聚精會神地去看它這種現象，這幅輕煙似的薄紗，籠罩著這平謐如鏡的海水，許多遠山和飛鳥被它蓋上一層面網，都現出夢境的依稀隱約，它把天和海連成一氣，你彷彿伸出一隻手就可握住在天上浮游的仙子。你的四周全是廣闊、沉寂、祕奧和雄偉，你見不到人世的雞犬和煙火，你究竟在人間還是在天上，也有些猶豫不易決定。這不是一種極愉快的經驗嗎？

心理距離有兩方面：消極面指的是切斷事物的實面，擺脫實用態度的支配；積極面指的是用新的態看待事物，用心營造經驗。在藝術欣賞中，個人的情感和願望等等

大師語錄　在機械複製時代，藝術作品被觸及的，就是它的「神韻」（靈光）。——班雅明

在符合心理距離的原則下，可以參與欣賞活動，是美感經驗產生的主觀條件。在這裡我們已觸及心理距離的三個重要原則：一、配稱原則（principle of concordance）；二、距離之二律背反（antimony of distance）；三、距離的可變性（variability of distance）。

配稱原則指的是：美感經驗產生的必要條件之一，是藝術性質與個人條件之妥當配合；藝術品的美感價值太低，很難引起人們的興趣，而美感價值太高的作品，又可能發生「曲高和寡」的狀況。

距離之二律背反指的是：美感經驗的產生需要一個適當的心理距離，不能太遠，也不能太近，這就叫「二律背反」；太遠容易對作品無動於衷，太近則易受現實及私欲支配，不能對作品專心。

距離的可變性：是指上述的適當的心理距離，是允許多種程度的差異的，沒有客觀的標準。同一個作品對不同的人來說，心理距離可以不同；對同一個人來說，不同的作品所需要的心理距離也不相同。

☼主觀派的美感態度與客觀派形式之關係

以上略述了主觀派對美感態度的看法，不論是康德或布洛，都認為在美感經驗中主體的態度是起著重要作用的，然而我們要注意的是：主觀派是近代以後的產物，他們並未忽視古代以來就存在的客觀派學說；康德和布洛等人，未曾忽視形式的重要，只不過他們把重心放在主體的美感態度所具有的主動性上面。在正式進入形式的討論之前，我們要先看看在主觀派和客觀派之外的第三種選擇：互動派。

互動派的主張：杜威

我們之所以把杜威稱為互動派，是因為杜威強調是美感經驗中的各種主動性和被動性的互動：這互動表現在創作和欣賞之間，也表現在創作和欣賞各自的內部[27]。

就西方美學史的發展來看，美學主要是研究各種藝術現象，包括創作與鑑賞的經驗與原則、藝術品本身以及藝術對社會的功用等。在這幾種現象中，藝術品的存在無疑是最重要的，因為若是沒有它，不但沒有鑑賞的對象，就是創作活動也不會引人注意。可是，杜威卻認為美學理論不能直接從研究藝術品著手，因為現代工商業社會

大師語錄　美學完全被誤解了……由於「美的」是個形容詞，所以你就很容易會誤解說「這件東西要有一種美的特質」。——維根斯坦

與科技文明的畸形發展，使得藝術品的鑑賞與其它人生現象孤立起來，這點至少可從兩方面得知：一、在精細分工下，每件事物都有其固定的位置，藝術也一樣被歸類分化，所以我們想看畫就得到博物館，好像只有在這類地方才可以欣賞藝術品一樣。二、過度的分工使人在工作時變得單調乏味，又為了生存被迫工作，藝術成為工作之餘的消遣或失意時避難所。

由於藝術被孤立，才會導致一些孤立派的謬誤理論，如克羅齊的直覺主義、貝爾（Civil Bell）的「形式主義」和「為藝術而藝術」的思想。他們以為這樣把藝術從平常的生活經驗中孤立起來，才能保存藝術品的純粹性與精神價值。杜威卻認為，這樣把藝術品孤立起來，反而成了理解藝術的障礙。

想了解藝術的祕密，杜威建議回到人生的平常經驗（common experience），甚至是低於人的動物生活，因為藝術就是從中發展出來的；要了解藝術與美感經驗，則須了解人與動物的生活。原始人的藝術活動是和宗教祭祀、狩獵等日常活動結合在一起的，所以美學工作的基本工作之一，就在恢復美感經驗與平常經驗的連續性。

談到美感經驗，我們必須對杜威如何使用經驗一詞有所了解。杜威對經驗採取了一種動態與生物學的解釋：「經驗是動物為了適應生存而與其環境發生互動的結果。」他進一步說明：一、所謂「適應」（adjustment）有兩種方式，一是偏重於被動的調節（accommodation），另一是側重於主動的改造（adaptation）。二、所謂「環境」，不單指「自然環境」，也指「人文環境」。三、「互動」是杜威哲學中的常見用詞，他的意思是：不但環境不停對人產生影響，人也不斷地在影響環境。由這三點可見，杜威一開始就把人與其他生物同樣視為自然的一部分，而不是將人孤立於自然之外。但是，經驗或動物與其環境之互動，與藝術有何關係呢？適應環境又和美感經驗有何關係呢？我們可以從後續的三方面來回答這個問題。

✲經驗的兩個共同元素

所謂的互動，其實含有「做」（doing）與「受」（undergoing）兩方面的意義；所有經驗都包含了這兩個要素；杜威強調，藝術作為一種經驗，不管是創作或欣賞，都有做與受兩方面；創作是「做」，而欣賞則是「受」。例如藝術家在修改與整理作品的過程時，他同時是創作者（做）也是欣賞者（受）。然而更深一層的是，不論是創作或欣賞，各自也都包含做與受兩方面。

首先，從創作方面說，藝術意謂著一種技術完美的活動（做），但是如果只有這

大師語錄 區分真藝術與假藝術有一個不可懷疑的標誌……那就是藝術的感染性。——托爾斯泰

一點，機器也做得到，創作還有一個重要的面向，即創作者本人對其處理的題材與媒材要有高度的敏感，對創作本身深覺喜愛；這種敏感和喜愛都是創作活動中「受」的一面。

其次，在欣賞方面，它也不是被動的接受（受），因為人必須靜下心來，集中精神才能欣賞，這本身已是一種「做」的過程，一個完全沒有經過欣賞活動所點化的小說、音樂、繪畫，只能算是「藝術產品」（product of art），它們必須通過觀賞者的再創造或「做」，才能成為真正的「藝術品」（work of art）。

☼ 完整經驗與美感經驗

和其他非藝術的經驗一樣，在創作與欣賞中，做與受必須達到平衡，才能使經驗發展、成熟與完滿；過度的受、做都會妨害經驗的發展：做的太過，會使人來不及深入體驗，而受的太過，則會使人空有一堆感觸而無法提煉成藝術。

經驗是人為了適應生存而與環境互動的結果，但並非所有經驗都是完整的；許多時候，經驗常常是片段的，因此杜威認為「有一個經驗」和「有經驗」是不同的。前者是不完整的片段的經驗，而後者才是「完整」的經驗；所謂的有一個「完整」的經驗，須具備四個條件：一、在一個經驗開始時，人易受到動物本能的驅使，因而引發一些涉及整個身心的衝動。二、在追求需要滿足的過程中，人不免會受到環境的阻力而產生緊張狀態，因此需要有適當的阻力；有了適當的阻力，人才會有預期的目的並朝此一目的前進，而它也控制了整個經驗發展的動向。三、在與環境連續互動的過程中，經驗得以保存、累積與發展，而達到令人完滿的感覺。四、一個（完整的）經驗是——各部分都組合的很好的整體或統一體（well-integrated whole or unity），各部分都有機的結合在一起，不是散漫無章，也不是機械化。我們可以說，一個完整的經驗，都有情感作為其各部分的統合力。

杜威認為，凡能滿足這些條件的經驗才可稱為一個（完整）經驗，而只要是一個（完整）經驗就有其美感品質（esthetical quality），「沒有任何經驗可以有統一性，除非它有美感品質」。「藝術」對他來說是用來形容遍布或滲透一個完整經驗的用詞，至於「美」，指的是對此種完整經驗所引起的情感反應。美感經驗與非美感經驗（如理智、道德等）的差別是美感品質在強度或程度上的不同，而不是種類上的不同，也就是說「理智經驗」、「實用經驗」和「道德經驗」，只要是一個完整經驗，它就可以同時是個美感經驗。對杜威來說，與美感經驗相對的，不是理智經驗、實用經驗和

大師語錄　藝術就是要破除那些佔支配地位的意識形式和日常經驗。
——馬庫塞

道德經驗，而是漫無目的活動與機械化的活動兩個極端。

何時我們才能知道美感品質支配了完整經驗，而成為美感的活動呢？杜威歸納成以下三點[28]。一、在美感經驗中，那些構成完整經驗的共同條件會更強烈的被表現出來。二、藝術創作與欣賞的材料是直接感受到的事物性質，如聲音、顏色、線條等，而任何理智活動的材料則常是抽象的符號。三、一般完整經驗中，結果可與整個經驗分開而仍然是真的，而構成美感經驗時則不同，手段（形式、過程等）與目的在此是不可分的。

❊藝術與人生

經驗的精華在完整的經驗，而完整經驗的精華在美感經驗，故杜威說：「藝術是經驗作為經驗而言，最直接與完整的顯現。」又說「藝術代表自然的顛峰事件與經驗的高潮。」

經驗是人為了適應環境而與之產生互動的結果。適應的好，就會使人的內部需要和外在環境的限制保持平衡與和諧的關係，這會帶給人整個存在的幸福與喜悅。但平衡與和諧的狀態不是一勞永逸的，環境的變遷要求人重新適應。

從這個觀點來看，所謂人生，常是平衡與和諧不斷失去與重建的過程，生活的韻律（rhythm）指的就是那影響平衡與和諧之秩序的互動。沒有阻力的人生就像一灘死水，缺乏生趣；有阻力的人生才能激起我們的生命力與生趣，就像流水遇到磐石激起浪花一樣。

在康德與克羅齊所標榜的「孤立主義」傳統中，杜威另闢蹊徑，開創出脈絡主義道路，且與現象學美感經驗論有諸多相似之處，對於後代美學家也有極大影響。

形式：五個意涵[29]

在客觀派中，形式是重要的，甚至引起美感經驗最重要的元素。然而上文提到的賀加斯，他所分析的「美的形式」所使用的意義，只不過是「形式」這個複雜多變的概念中的一種。以下先敘述形式變化之簡史，再敘述形式之五義。

大師語錄　音樂的經驗，不單是音樂的，而且還是社會的。——阿多諾

演變簡史

☼起始：可見的形式和不可見的形式

形式（form）是西方美學中最重要、也最富爭議的問題之一。希臘時代一開始，就有兩種形式觀念：第一種是透過感官（即肉眼）能看到的「可見的形式」，希臘文稱之為「μορφή」（morphé，指的是「形狀」），這是把形式視為現象，視為具體事物的外觀；第二種是心靈的眼睛所能掌握到的「概念的形式」；希臘文稱之為「εἶδος」（eidos，指的是「概念」、「本質」）[30]，這是把形式視為本體，視為事物的內在本質、內在結構。前一種形式可以視為「感性的形式」，而後一種可以視為「理性的形式」。這兩種意涵是西方形式思想的主要支柱，很大程度上決定了西方藝術以及美學的發展方向。

關於這兩種「形式」的意涵，我們對比如下頁表格。

✲後續：一詞多意

之後，拉丁文的詞：形式（forma）同時取代了希臘文的兩個形式（μορφή和εἶδος），原封不動被歐洲諸國採用，如義大利、波蘭、西班牙、俄國的通行語言之中，都使用「forma」一詞；而在其他的國家也只加上少許的變化，如法文是「forme」，英文是「form」，德文是「Form」[31]。這些國家既然直接繼承拉丁文「forma」一詞，自然也繼承了該詞傳自希臘文的二種意涵，而具有歧義。在美學和藝術史的流傳過程中，許多藝術家、思想家和學派都會加上新的用法，讓形式一詞具有更多的含意，如此一來，形式的含意像滾雪球般，越滾越大，造成美學或藝術史研究的困擾。

「可見的形式」與「概念的形式」

「可見的形式」	「概念的形式」
μορφή（morphé）：形狀、外形、外觀	εἶδος（eidos）：概念、本質、相、理念
現象	本體
可見	不可見
感性	理性

大師語錄 圓滿人格像是一個鼎，真、善、美好比鼎的三個足。對於一個人而言，美是皮肉，善是經脈，真是骨骼，這三者共同撐起一個「大寫的人」。——豐子愷

形式的五個含意

要了解每個藝術家、思想家如何使用形式，最好的方法就是透過它的相反詞來理解，比如說它的反義詞是質料，那麼形式指的就是「形狀」；如果它的反義詞是元素（或組成分子），形式指的就是結構或排列。從這個方式來看，西方美學史所用的形式至少具有五種涵意。一、作為各部分的排列（arrangement of parts）；二、直接呈現在感官之前的事物（what is directly given to the senses）；三、與質料相對，一個對象的界限或輪廓（the boundary or contour of an object）；四、亞里斯多德意義下的形式：一對象之概念性本質（the conceptual essence of an object）；五、康德意義下的形式：人類心靈對於所知覺對象的貢獻（the contribution of the mind to the perceived object）；以下分述之。

※「形式」作為各部分的排列

這種意思我們稱之為「形式1」。在這種意義下，形式的反義詞是元素、成分、成員，而形式就是對各部分的元素、成分、成員所做的整體安排或排列。當然，這種定義涉及了安排和排列，自然也免不了和比例相關；比如當我們說「柱式」（柱廊的形式）時，指的就是各個柱子之間的排列方式和比例，而「曲式」則是音符的排列方式和比例等等。

這種形式的含意與美學相關的地方就在「symmetria」（均稱）、「harmonia」（和諧）、「taxis」（秩序），這些希臘語幾乎都和形式1這個意思息息相關。本章前文所述的畢達哥拉斯學派，他們的美學理論：「美在和諧和比例」就和形式1的關聯很深。

畢氏學派這種形式1及其美學理論，影響所及，包括了柏拉圖、亞里斯多德、斯多亞學派、西塞羅、維特羅維阿斯（Vitruvius, c.80 BC–15 BC）等人，甚至中世紀、近代，一直到現代，都還有追隨者。從美學史的光來看，一個理論能夠獲得這麼普遍的肯定，實在難能可貴。十九世紀德國著名美學家任墨爾曼（R. Zimmermann, 1824-1898）就曾一針見血的指出：「古代藝術的原理便是形式」，這裡所說的形式，指的就是某部分的安排和比例[32]，也就是形式1。

大師語錄　美之屬於視覺，勝過屬於聽覺。——費啟諾

※「形式」作為直接呈現在感官之前的事物：與「內容」相對

第二種含意，我們稱之為「形式2」，它的反義詞是內容。簡單地說，形式2的意思是表面或外表（appearance）[33]；在這種意義下，詩的聲音是形式，而詩的意義則是內容。我們可以說印象派的人強調的是形式2——形式作為外表，而抽象派的人則強調形式1——形式作為排列[34]。

我們可以舉一個比較生活化的例子來詮釋：當老師一看到同學的報告，用的是細明體，沒有封面，老師就直接給零分；學生抗議說：「老師只看形式，並沒有看內容，這樣是不公平的！」學生口中的形式，指的就是形式2。換言之，形式2是指我們可以直接看到的部分，其相反詞內容，則非眼睛可以直接看到的；這個對比其實類似於希臘時期兩個形式對比（「看」見對「看不見」）。

關於形式2與內容的對比，德美特留（Demetrius, 350 BC–280 BC）做了個很好的解釋。他認為內容指的是「作品所談到的東西」（what the work speaks of），而形式2是「作品如何談」（how it speak）[35]。當形式2被引入視覺藝術領域時，它和形式1的混淆就造就了一個新的含意：形式1＋形式2。此時，形式一詞同時具備兩個含意（外表和排列），結果，當藝術家認為「藝術中必有形式」，他指的實際上是：第一，只有外表（不含內容）是重要的；第二，在外表中，只有整體的安排（而非各個元素）才是重要的。換句話說，只有形式2是重要的，形式1只有在形式2之中才能顯出其重要。

不論形式2是否包含形式1，藝術家們一直都在爭論：在藝術中形式和內容，哪個比較重要？早期形式與內容被認為相輔相成，缺一不可；可是到十九世紀以後，特別是二十世紀，兩者的爭鬥越發激烈；這個爭鬥是由一些支持「純粹」形式的極端分子所深化的。比較持平的形式主義者的論調是：「一件真正的藝術品，最重要的是形式」，而比較極端的「形式主義」則會說：「一件真正的藝術品，只有形式是重要的」。對於極端的形式主義者來說，內容是不必要的，有了內容，非但無益，反而有害。

最後，「帶有相應內容的形式」和「不帶相應內容的形式」被區別開來了：前者是具象的（再現的、模仿的、客觀的；如生物之美），而後者是抽象的（非再現的；如直線與圓圈之美）；這兩種形式後來受到了承認：康德把美區分為「自由的」（frei）和「依附的」（anhänende），休謨也把美分成「內在的」和「關連的」。到了二十世紀，形式2的地位被抬到至高無上的地位[36]。

☼作為一個對象的界限或輪廓：與質料相對的「形式」

第三種含意，我們稱之為「形式3」，它的反義詞是質料；這是字典中最常出現的含意：形式是一個對象的界限或輪廓；這似乎和形式2有些類似，但是形式2作為「外表」，它不僅包含輪廓，也包含其他部分（如色彩）；而形式3則只有包含輪廓。

形式3在字典中最常出現，代表它在日常用語中的影響力，一般人看到「形式」，想到的就會是這個用意（至少在西方是如此），但這不表示它在藝術領域就沒有影響力，正如形式2在詩學中是一個極為自然的概念，形式3在視覺藝術（繪畫、雕刻、建築）中，也是極為自然的概念，因為它涉及「空間」的形式。

在藝術史中，形式3扮演要角的時代只有在十五至十八世紀之間，在這段期間，它被視為是藝術理論中的一個基本概念，不過它並不被稱為形式，而被稱為「圖形」或「素描」。也由於形式3只和素描、輪廓相關，和色彩無關，因此和形式2涇渭分明。特別是在十六世紀，輪廓（形式3）和色彩（形式2）代表繪畫中的兩個極端；然而在十七世紀，素描（形式3）和色彩（形式2）的敵對，開始在繪畫中出現，在學術圈內，素描被認為比較重要，德國畫家兼雕刻學院的史官特斯提林（Henri Testelin, 1616–1695）就曾說道：「一個素描傑出但色彩平庸的畫家，比起那用色美而素描差的人來，應該受到更多的尊敬。」到了十八世紀，色彩重新獲得足以與形式3抗衡的地位，雙方的戰爭才告停止[37]。

有時藝術評論家會說某一件作品「缺乏形式」，我們或許可以反問：「真的可能沒有形式嗎？」平心而論，任何東西都不可能沒有形式。首先，不可能沒有形式1，因為任何東西都有部分，因此有安排或排列，我們頂多只能說「沒有很好的形式」；同樣的情形也適用於形式2和形式3，因為任何東西都一定要有外表和輪廓，即便不一定很美，但或許可以借用貝爾Clive Bell）的話：沒有一個「有意義的形式」（a 'significance form'）[38]。

※ 亞里斯多德意義下的「形式」：對象之概念性本質

第四種含意，我們稱之為形式4，這是亞里斯多德的用法，指的是一個對象的「概念性本質」，另外的名稱是「內在目的」（entelechy）[39]；它的反義詞是「對象之偶然特徵」（the accidental features of objects）。現代大多數美學家都把形式4的概念忽略掉，但在美學史上，形式4就和形式1一樣古老，而且也與形式2、形式3並行不悖[40]。我們可以將形式4稱之為「本質的形式」。

必須注意的是，不論是亞里斯多德本人或是他的弟子，都未曾將形式4用在美學裡，真正把它用在美學裡的，是十三世紀士林學派[41]的學者們；他們把形式4和冒名的狄奧尼修斯所主張「美包含在比例和光輝」[42]結合起來，如此一來，形式4（本質的形式）就等於「光輝」，結果產生了一個關於美的相當特殊概念：對象之美，有賴其形而上本質在其外表中顯現出來。

第一個採取這個解釋可能是大亞爾伯（Albert the Great, 1200-1280），他認為：美存在於這樣的本質形式（形式4）的光輝中；而這光輝透過物質中顯露其自身；但是，只有在此物體具有正確的比例（即形式1時），本質形式的光輝才會在那物體中顯露自身[43]。

然而形式4在美學中的統轄，在十三世紀達到頂峰之後，隨即就結束了。形式4雖然隨著亞里斯多德的思想體系，一直殘存到十六世紀，但在美學中並沒有發揮什麼作用。十七世紀以後，形式4消失殆盡；直到二十世紀，這個概念又脫胎換骨，在一些藝術家的著作中復活過來，不過已經不再以形式4的名義出現。因此，如果要說此詞已消失，而別的藝術家使用的是類似形式4的概念，也無不可[44]。

☼ 康德意義下的「形式」：人類心靈對於所知覺對象的貢獻

第五種含意，我們稱之為「形式5」，這是康德的用法，指的是「心靈對知覺對象所做的貢獻」，而它的反義詞是「不由心靈所生產或引入而是經驗由外在給定的東西」（what is not produced and introduced by the mind but is given to it from without by experience），我們可以稱之為「先驗的形式」。

所謂的先驗的形式，指的是人類主觀的「模子」或「框架」；人類是透過這個模子或框架去認識事物。在他的《純粹理性批判》之中，康德說明了這個模子或框架的結構，是人類透過感性的模式、知性的範疇和理性的理念這樣的框架去認識事物，並且把認識的事物統一起來：感性的模式有兩個（時間和空間），知性的範疇有四個（質、量、關係、樣態），而理性的理念則有三個（靈魂、世界和上帝）；簡單地說，這整個框架就是先驗的形式，我們透過這個先驗的形式來「建構我們的經驗」。我們可以把上述內容透過下頁圖3表示出來。

就圖3來說，整個「感性—知性—理性」的架構，就是形式5。理論上，在康德

大師語錄　藝術比真理更有價值。——尼采

哲學中「知識論」具有這樣的一個形式[5]，美學應該也有。然而，令人驚訝卻又不意外的是，康德認為美感沒有像知識那樣一個先驗的形式；由於知識具有先驗的形式，因此，具有普遍性和必然性。但美感不像知識，可以透過概念而具有普遍性和必然性；美感的普遍性和必然性是透過人類的「共通感」而來的[45]。所以康德自己並沒有

圖3　康德知識論架構圖

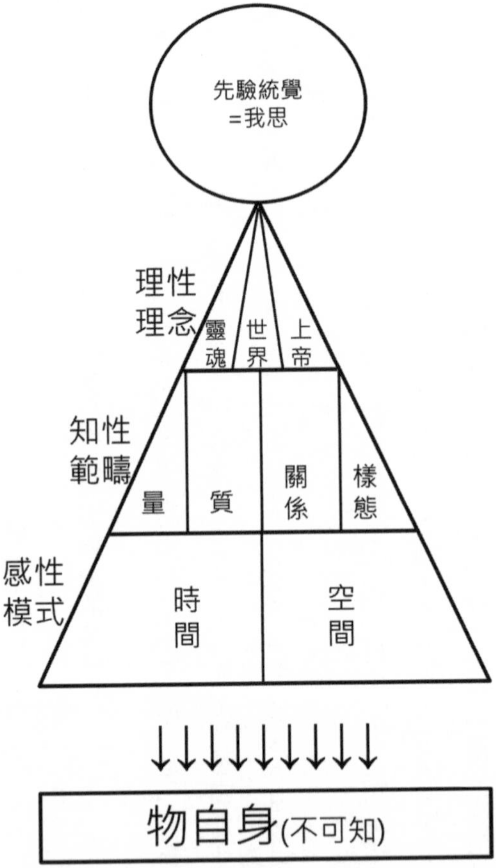

把形式5用在美學上。

可是，在十九世紀，一位不屬康德學派的思想家費德勒（Konard Fiedler）倒是發現了這樣的形式；視覺對他而言，有其普遍的形式，類似康德意義下的形式5[46]。費德勒定義的形式5難免還有些模糊，比較清楚的定義是由他的門徒和後繼者提供的：布蘭特（Adolf von Hildebrand，雕刻家）、瑞格（AloisRiegl，藝術史家）、吳爾芙林（Heinrich Wölfflin，藝術史家）以及瑞爾（A. Riehl，哲學家）。因此，形式5也出現在美學和藝術史中；當然每個人對形式5的詮釋都不盡相同，因此形式5這種先驗形式的多元概念就產生了。在二十世紀前半期，這樣的形式概念，甚至在中歐還成了典型的概念。總之，二十世紀形式5具有的含意不止一種，但都是掛在形式5的名義下，而支持形式5的人也都接受這種狀況：「一個名詞各表述」[47]。

以上略述了西方形式一詞的五種含意及其歷史變化；當然，在藝術史上出現的形式含意，絕對不只這五種[48]；但這五種卻是最重要的。

形式1、形式2和形式3的關係由於太過接近，因此，不論是一般人或藝術家也常常會混淆，透過我們上述的說明，應該可以得到一些釐清。

我們將這五個含意的形式的發展歷程回顧一下：形式1（**排列**）歷經了一個長

大師語錄 藝術品以自己特有的方式敞開了存在者的存在。——海德格

久的過程，形成了藝術理論中的一個基本概念。形式2（外表）在不同的時代，被設定用來反對「內容」，且地位在「內容」之上，但無論如何，像二十世紀這樣受到重視，則是前所未見。形式3在十六、十七世紀成了藝術的口號；形式4則是發展成熟的士林哲學的一個顯著特徵。形式5只有在十九世紀末，才引起人們的興趣。

延伸閱讀與推薦影片

延伸閱讀

一、柏拉圖，《理想國》第七卷「地穴」，（台北：聯經，2005），談洞穴之喻；有啟發性，可以了解柏拉圖哲學的大略，特別是「理型論」。從「美學」問題延伸到「形上學」和「知識論」，也可配合電影「駭客任務」和「楚門的世界」一起來看。

二、康德，《判斷力批判》第一卷〈美的分析〉（北京：人民出版社，2002）。這篇從「質」、「量」、「關係」、「樣態」四個環節來談「美」，是美學必讀的經典；康德的文字難度雖高，但這部分篇幅不多，而且非常聞名，討論的人也很多，不乏導讀的資源，因此，只要反覆閱讀，必有所得。

三、劉昌元，《西方美學導論》第六章〈心距與移情〉，「心理距離」說部次，頁95-100；第七章〈杜威的審美經驗論〉全章，頁113-128。〈心距與移情〉討論「心理距離」說，對朱光潛、布洛以及其他討論布洛的學者都做了精要中肯的評論。〈杜威的審美經驗論〉評介了杜威的美學（特別是「美感經驗」），非常值得一讀。

推薦影片

一、「情人眼裡出西施」（Shallow Hall，2009），這部片可以印證「廣義的美感態度」，也可以討論「外在美VS.內在美」；當然影片本身也不失趣味。

二、「偶然與巧合」（HasardsouCoïncidences，1998），這部片和美學相關的地方主要在於「愛情」與「藝術」兩點：愛、藝術（舞蹈、音樂、繪畫—仿製、攝影—影中影）。

大師語錄　藝術從一個組合體（對象＋事件）出發達最終發現其結構；神話則從一個結構出發，藉助這個結構，它構造了一個組合體（對象＋事件）。——李維史陀

3分鐘 重點回顧

❶ 美感活動的全體，涉及主觀面（即美感主體的「美感態度」）、客觀面（即「美感對象」），以及連結二者的「美感經驗」。

❷ 在美學理論之中，對於美感經驗可分為主觀派與客觀派，以及另闢蹊徑的「互動派」。

❸ 美學與洞穴之喻的關連在於：真實事物是對「理型」的模仿，標本是對真實事物的模仿，而影子又是對標本的模仿，這顯示出柏拉圖對藝術的看法。藝術家就像洞穴裡看影子的囚徒一樣，不僅不知道那不是真的，還仿製它。

❹ 客觀派近代的代表是賀加斯，他已經歷了近代主體性哲學之洗禮，然而他還是主張「美」的尺度有個客觀的標準，算是比較嚴格的「客觀派」。

❺ 美感態度是指美感主體在進行美感活動的特殊心理狀態。它會受到客觀條件（如時間、空間）與主觀心理因素（如感覺、情緒）的影響。美感態度會決定美感經驗的發生。

❻ 康德關於美感態度的理論，在《判斷力批判》透過「美感判斷如何可能？」這一問題來表現出來的，他是從如下四個環節來進行的：質、量、關係、樣態。

❼布洛所說的心理距離其實指的是美感態度，他認為：適當的心理距離是美感經驗的必要條件，時空距離對欣賞者的重要性是通過適當的心理距離而建立的。

❽想了解藝術的祕密，杜威建議回到人生的平常經驗，甚至低於人的動物生活，因為藝術就是從中所發展出來的；要了解藝術與美感經驗，則須了解人與動物的生活。

❾西方美學史所用的「形式」至少具有五種涵意。形式1：作為各部分的排列。形式2：直接呈現在感官之前的事物。形式3：與質料相對，是一個對象的界限或輪廓。形式4：亞里斯多德意義下的「形式」：意指一對象之概念性本質。形式5：康德意義下的「形式」：意指人類心靈對於所知覺對象的貢獻。

本章注釋

1.「存有學」（ontology），是形上學的一部分，研究主題為「有」（Being）；關於形上學的部分，請參照《今天學哲學了沒》的「形上學」部分，頁25-31。

2.《西洋六大美學理念史》，頁162-163。

3. 此派遠在近代哲學區分「主體—客體」之前就出現，因此嚴格來說，他們並不是和「主觀」對立的「客觀」而是未區分主客對立的「客觀」。

4. F. Copleston著，傅佩榮譯，《西洋哲學史》，頁37，台北：黎明文化事業公司，1986。

5. 朱光潛，《西方美學史》上卷，頁48-49。引文的重點是我強調的。

6.「洞穴之喻」的出處是在《理想國》的第七卷。

7. 柏拉圖並不反對美麗事物符合和諧和比例的原則這樣的看法，因為在柏拉圖的許多對話錄裡，也都出現這些用語，如《斐多》說道：「地上的樹木、鮮花和果實，都體現出合乎比例的絢美」，此外，在不下十多處的地方，柏拉圖談到美的事物必須符合完整和統一的標準。他的意思是說，部分的存在要符合整體美的需要，不能各行其是，破壞應有的比例，有損整體的和諧。這些都看得出畢氏美學的影響。

8. 陳中梅於《柏拉圖詩學和藝術思想》中整理成七個層級，我們這裡整理成四個層級。

9. 中譯本有：William Hogarth著，楊成寅譯，《美的分析》，台北：丹青，1986。

10. 豐子愷，《藝術趣味》，頁9。

11.《美的分析》，頁61。

12. 他還提出美的六個規則：「適應、多樣、統一、單純、複雜和尺度，所有這一切都參加美的創造，互相補充，有時互相制約。」（《美的分析》，頁12）。

13. 以下出自《藝術趣味》，頁5-6。

14. 朱光潛（科學、實用、美感），康德（美感、實務〔利益〕和道德）

15. 情人眼裡出西施。通常是指「廣義的」。你覺得美就美了。

16. 在下文討論「質」的地方，康德討論了美感和快感（利益、感性的利害關係）、道德感（善、理性的利害關係）的不同；而在討論「量」的部分，康德則討論了「邏輯」（理智、科學）的概念普遍性和美感的普遍性的不同。

17. 中譯本譯為「契機」，見康德著，鄧曉芒譯，《判斷力批判》，頁37，北京：人民出版社，2002。

18. 康德說：「無論快適與善之間的差異有多大，兩者畢竟在一點上是一致的：它們任何時候都是與其對象上的某種利害結合著的……」《判斷力批判》，頁44

19. 概念具有普遍性，這是《純粹理性批判》處理的主題。道德判斷也具有普遍性，這是《實踐理性批判》處理的主題。

20. 即上文所說的「單稱判斷」。

21. 朱光潛，《西方美學史》下卷，頁15。

22. 《判斷力批判》，頁72。

23. 《判斷力批判》，頁75。

24. 本章「心理距離」所說的部分，取材自：劉昌元，《西方美學導論》第六章「心距與移情」，頁95-100；加上我自己的一些補充，為配合本書之用語，也做了一些修改，如「審美」皆改為「美感」。

25. 布洛的「心理距離」說首次發表在〈作為藝術的一個因素和一個美學原則的心理距離說〉(Psychical Distance as a factor in Art and an Aesthetic Principle, 1912.《英國心理學雜誌》)。

26. 劉昌元所引用的「海上的霧」，其實是朱光潛翻譯的；劉昌元說「朱光潛把布洛的意思用優美的中文說出，值得引用」；《西方美學導論》，頁95；不過，他的引文在字語和斷句上有和朱光潛的原文有一兩處的不同，也經過刪減。我這裡引用的是朱光潛原來全部的文字。朱光潛譯文出自朱光潛，《文藝心理學》，頁20，台北：頂淵文化，2003；《朱光潛全集》則收錄在第一卷，頁217。

27. 以下關於杜威的介紹乃出自劉昌元，〈杜威的審美經驗論〉，《西方美學導論》，頁113-128。

28. 杜威原書並沒有清楚討論，這是劉昌元的歸納。頁123。

29. 關於這五個含意的論述，作者取材自《西洋六大美學理念史》的〈形式：一個名詞與五個概念的歷史〉一章，頁263-292，譯文採用的是中譯本的譯文，但也經過作者個人的剪裁、部分改寫、補充，甚至重譯（因為部分文句或專有名詞有誤）；因此，除非需要（如需要註明引文出處的地方或者當作者的譯文與原譯本不同的時候），否則不再特別說明引用的部分。

30. 一詞源自動詞 idein（看見或觀看），蘇菲世界論 IDEA，vidya等等。柏拉圖的「理型」即為此字，指的「理念十型式」。陳康譯之為「相」。

31. 這個字在德文和英文中其實是一樣的，只不過在德文中名詞的第一個字母都要大寫，如此不同而已。除了這個Form字，德文其實還有另一個字「Gestalt」（形態），此字是透過「完整心理學」（Gestalt Psychology）而為人所知。

32. 《西洋六大美學理念史》，頁267。

33. 同上，頁264，譯文為作者重譯。

34. 同上，頁272，譯文為作者重譯。

35. 同上，頁273。

36. 同上，頁272-277；部分名詞使用作者自己的翻譯。

37. 同上，頁278-279；部分名詞和句子使用作者自己的翻譯。

38. 同上，頁279-280。

39. 中譯文原作「圓成實」，頁264；但我們認為「內在目的」，比較符合亞里斯多德的原意。「圓成實性」是佛教唯識宗所謂的「三自性」（遍計所執性、圓成實性、依他起性）其中的一個，用唯識宗的名詞來翻譯亞里斯多德的概念，未必會有比較好的效果，因為對於一般大眾來說，「三自性」的概念未必比「內在目的」更令人熟知，用一個大家不太熟知的概念去理解另一個不熟知的概念，這樣的作法是值得再思考的。

40. 《西洋六大美學理念史》，頁264-265。

41. 「士林學派」的另外譯名叫「經院哲學」，是中世紀時的哲學派別，最重要的代表是人物是多瑪斯．阿奎那（Thomas Aquinas），關於這派哲學的介紹，請參見《今天學哲學了沒？》，頁81-85。

42. 冒名的狄奧尼修斯（Pseudo-Dionysius the Areopagite, fl. c. 500）《聖經．使徒行傳》中記載

保羅去到雅典傳道，提及未知之神時，有些人在保羅講到復活時便離開，只有兩個人願意留下來繼續聆聽，而且信了主，其中一人就是狄奧尼修斯（Dionysius the Areopagite）。而西元五世紀至六世紀左右，有人自稱就是《聖經》中的狄奧尼修斯，但是從歷史的判斷，可以肯定這位人士一定不是狄奧尼修斯，他只是假借其名；所以我們稱他為「偽名的狄奧尼修斯」。他撰寫了一系列希臘文論文和書信，試圖將新柏拉圖主義的哲學同基督教神學與密契主義（神祕主義）結合，作品有《亞略．巴古文集》或《狄奧尼修斯文集》（*Corpus Areopagiticum*（or *Dionysiacum*））。

43. 《西洋六大美學理念史》，頁280-281；作者自己的翻譯。

44. 同上，頁282。

45. 詳見上文論「主觀派的主張」，康德論「樣態」的部分。

46. 關於康德的哲學可以參考《今天學哲學了沒》頁94-95; 139-143。

47. 《西洋六大美學理念史》，頁283-285。

48. 至少有十種以上。

Day 05
Friday

星期五

創造與模仿

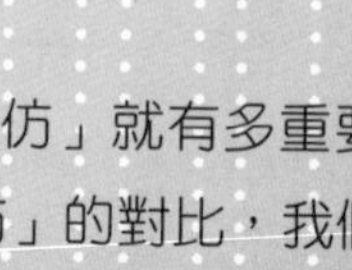

「創造」在美學中的地位有多重要，「模仿」就有多重要。理由有二：首先，如果不透過與反義詞「模仿」的對比，我們無法更全面的理解「創造」。其次，「模仿」這一概念及其理論在西洋美學史上占主導地位的時間，遠比「創造」來得更久，因此整體的影響力也更大。基於以上兩點，一部導讀美學問題的書籍對於「模仿」的介紹是必要的。

創造與模仿在美學中之意義

創造是現代藝術的主要特色之一

藝術是美學研究的主題之一，而現代藝術最重要的特色就是創造[1]，因此，創造的研究在美學中是重要的。再者，創造性（創意）的概念是藝術的重要特色，但創造性卻不只局限在藝術裡，人類生活的各個面向，都和創造性有關，因此，即使美學研究不只限於藝術，而擴及人類的其他感性面，創造性也是重要的主題；因為它幾乎充塞了我們全部的生活。

創造性在古代不被重視，在中世紀開始出現，在近代開始進入藝術之中，而在當代則進而擴及人類全部的活動。不過，創造性或創造之研究不只限於美學（哲學），也可以從教育學、心理學各方面來談。但本書為美學的導讀書籍，基本，我們會把焦點集中在美學（藝術）的部分。

創造與模仿的關係

創造在美學中的地位有多重要，模仿就有多重要。理由有二：首先，如果不透過與反義詞模仿的對比，我們無法更全面的理解創造，正如在醫學上不透過與「疾病」的對比，我們無法更全面的理解「健康」一樣。其次，模仿這一概念及其理論在西洋美學史上占主導地位的時間，遠比創造來得更久，因此整體的影響力也更大[2]。基於上述兩點，一部導讀美學議題的書籍對於模仿的介紹是必要的。

創造與模仿是美學最重要的幾個議題中的兩個，和其他的美學議題如美、藝術、形式、美感經驗雖然也息息相關、不可分割，但這兩個議題彼此之間的關係，其緊密程度遠勝過和其他四個議題的關係，因此本章將它們獨立出來，放在一起說明。

 大師語錄 人生模仿藝術，遠要超過藝術模仿人生。——王爾德

創造性（創意）概念的發展與演變[3]

我們可以分成四個時期階段來討論創造性概念的發展與演變：分別為一、古代（西元前三世紀至西元四世紀）；二、中世紀（四世紀至十四世紀）；三、十九世紀；四、二十世紀以後。

古代時期：無創造

這裡說的「古代」，指的是「希臘」和「羅馬」時期。首先就「名詞」來說，在希臘時期，並沒有創造性的名詞，也沒有創造性的概念，這樣當然不可能有關於創造的理論。在古代約一千多年的期間，不論在哲學、神學，或是我們目前所謂藝術的領域，與創造性（或創意）相應的希臘文名辭根本不存在；頂多有「製造」（ποιεῖν; **poiein; to make**）[4]這個詞。而羅馬人雖然使用「**creator**」一詞，但對他們而言，這是「父親」的同義語。「**creatiourbis**」則表示「城市的建立者」。羅馬人並不像後世把創造性用在神學（中世紀）和藝術領域中（十九世紀），更不用說是用在人類生活的所有領域了（當代）。

在希臘羅馬時期，比較類似的概念是「建築師」[5]和「詩人」的概念，但這兩者和創造者的概念還是不一樣，而且這兩者的概念頂多也只類似於創造者。嚴格的創造性的概念（**即「無中生有」的創造**）只有等到古代的末期方才形成，但這種把創造當作無中生有的用法，只是一種消極的用法，意指無中生有的創造是不可能的事，如：「無物能生於無」（ex nihilo nihil）[6]，或像盧克萊修所說的：「無中生有並無其事」（nihil posse creari de nihilo）[7]。肯定這種無中生有的創造，要到中世紀才會出現。

※古代時期「創造性」與藝術之關連

・創造者與創造

對希臘人而言，只有製造一詞，而無創造；將藝術、藝術家與創造、創造者的概念關連在一起，是近代以後的事情。

因為藝術與創造並沒有交集，所以希臘人並沒有將創造一詞應用到藝術上；對希臘人而言，藝術並不屬於創造或具有任何創造性，而是一種技術。

大師語錄　藝術家之所以成為藝術家，全在於他認識到真實，而且把真實放到正確的形式裡，供我們觀照，打動我們的情感。
——黑格爾

・藝術乃是一種技術

在希臘文中，藝術被稱為「τέχνη」（techne），即技術。所謂的技術，就是要依照法則而行；代表了不具自由，也代表了一種模仿而非創造。柏拉圖在《理想國》中提到：工匠製造的床是模仿神心中的床；而畫家畫的床，則是模仿工匠製造的床。不論是工匠或是畫家，都是在模仿，可是工匠卻比畫家更高一層，因為他製造出來的床是可以睡的，而畫家只是在仿製，畫出來的只是一張假的床。所以畫家（和其他我們現在認為的藝術家）連製造都談不上，如果是製造，也頂多是仿製，更不用是談創造。

我們現在所用的創造者（creator）與創造性（creativity）的概念，都蘊含了「行動的自由」，而希臘人心中的藝術家與藝術（或是技術家和技術）的概念，則不包含自由，而是對規則、法則的遵循，或依照法則來製造事物。

此外，既然藝術是製造某些事物的技術；這種技術既是知識（對法則的知識），也是才能（**應用這種法則的才能**）；只要是了解及知道如何應用這些法則的人，便是一位藝術家（技術家）。這當然也包含著如下的觀念：自然是完美的。由於自然遵循法則，藝術家應發現它的法則，並遵循之。所以對希臘人而言，藝術家是一位發現者，而非發明者；在音樂中，藝術家（作曲家）要發現並遵循的法則是音樂中的法則（νόμοι, nomoi[8]，這裡指某種「旋律的形式」），而在視覺藝術中（如繪畫或雕刻），則是規範（canon）或尺度（measure）。

總而言之，在古代，藝術和創造就像兩個沒有交集的圓一樣，沒有關聯，也沒有重疊，如下方圖1。

中世紀：只有神能創造

這裡說的「中世紀」，指的是西元四〇〇年（五世紀）到西元一四〇〇年（十五世紀）這一千年之間的年代[9]。

首先就「名詞」來說，中世紀已有創造或創造性的名詞，也有了創造的概念。但不論是名詞

圖1

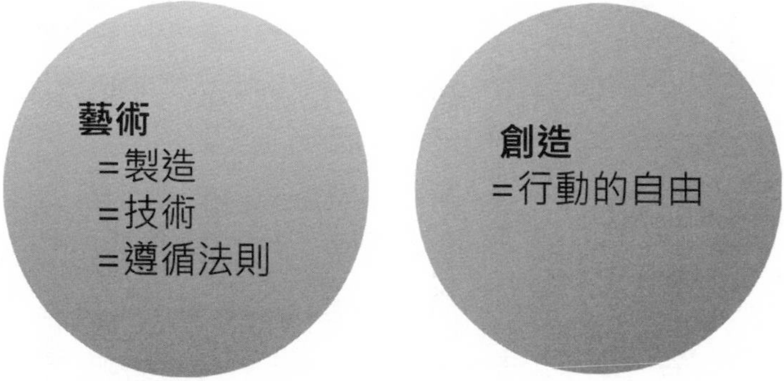

大師語錄 藝術可以包含並滲入人類經驗的全部領域。——卡西勒

與概念，都只限用於神學的領域（這當然和基督宗教的統治有關）。

中世紀發生了一個重要的轉變：開始使用創造一詞，並且只用於上帝「從無中生有的創造活動」（creatio ex nihilo）之上。在中世紀，「creator」這個名詞等於上帝（God）的同義語，即使到了啟蒙時期，都還是維持這種用法。和古代末期不同的是，中世紀時認為無中生有的創造是可能的，只不過，人類無力為之；創造乃上帝之事。

✲中世紀「創造性」與藝術之關連

中世紀時期，創造性和藝術幾乎沒有直接關連：創造是神的能力，和人類無關；人類的藝術品並非創造，而是製造（這是承襲古代的觀念），因此用虛線表示（見左頁圖2）。當然，如果說一切都是神的創造，人類及其藝術都只是受造物，更合理的圖示應該是左頁圖3。然而，間接的關聯還是存在，如果世界（特別是自然界）是上帝創造的，那麼藝術家只要去模仿自然，就是最好的藝術了。這種藝術理論起源於希臘時期（特別是柏拉圖）的模仿說，而在中世紀成為主流的理論之一。

圖2

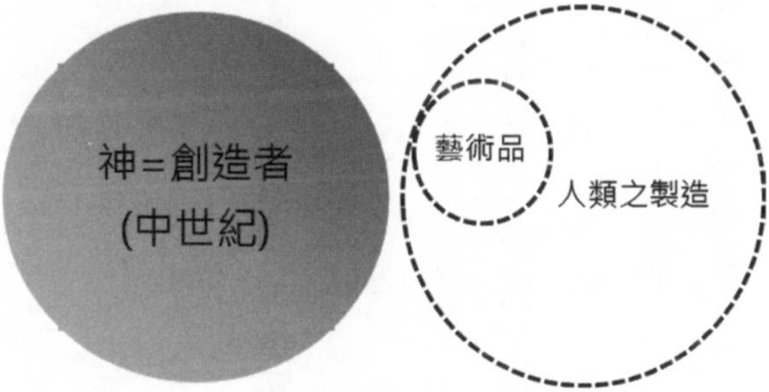

圖3

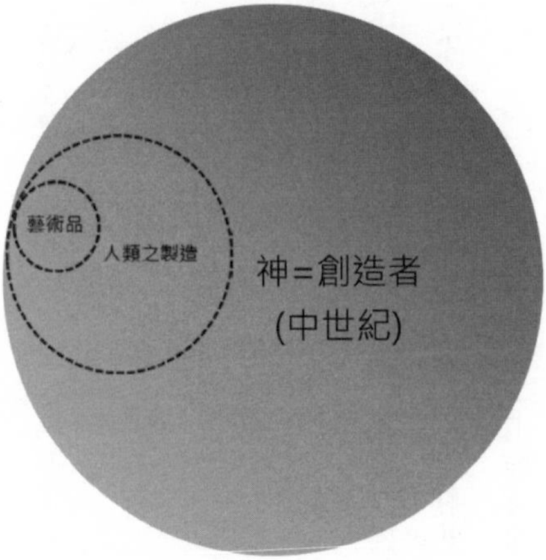

大師語錄　一部藝術作品並不是一個人，而是某種超越個人的東西。
——榮格

十九世紀：人能創造，但只限於藝術家

十九世紀有創造或創造性的名詞，也具有創造的概念。但不論是名詞與概念，都不再限於神學的領域，轉而應用在人類身上，而且只應用於一類人身上，也就是藝術家。此時，在中文的用法，將創造譯為創作，是非常適當的。

☼十九世紀「創造性」與藝術之關連

在十九世紀這個階段，創造性和藝術幾乎完全等同。創造（創作）是藝術家特有的能力或活動，甚至是唯一的能力或活動。

我們可以說，藝術在古代時期被認為是模仿，在十八世紀的浪漫主義時期被認為是表現，在十九世紀則為認為是創作（創造）。在古代認為「創造不可能」，在中世紀則認為「創造雖可能，但只限於神」，在近代則認為「創造透過藝術——也唯有透過藝術——才是可能的。」

中世紀時將創造當成無中生有，在宗教或神學領域指的是創造世界；而近代將無中生有的創造能力放在藝術家身上，則是一種「虛構」或「想像」，這雖然也適用

其他類型的藝術家，但對於語文的藝術（文學）卻特別貼切。文學和其他藝術不同的地方就在於，不論是莎士比亞的「哈姆雷特」（Hamlet）或「奧特羅」（Othello）、歌德的「維特」（Werther）或「威廉．梅斯特」（Wilhelm Meister）都是一種虛構的存在[10]。這也算是一種藝術家的無中生有。總之，在十九世紀，藝術家即是創造者，也只有藝術家才是創造者（見下面圖4）。

圖4

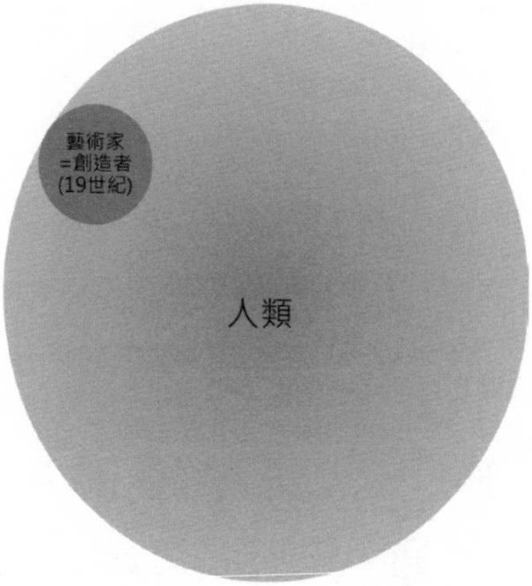

大師語錄　通過藝術，且只有通過藝術，我們才能實現自己的完美。
——王爾德

二十世紀以後：人人都能創造

二十世紀有創造或創造性的名詞，其次，也具有創造的概念。和十九世紀一樣，創造性適用於人類，但和十九世紀不同的是，創造或創造性不只限制在某類人（藝術家）身上。在二十世紀以後這個階段，創造性的詞彙與概念適用於人類所有的活動領域。我們可以說一篇學術著作有創造性。只要是人類的活動，都可以用創造性、創意去形容或衡量。

☼二十世紀以後「創造性」與藝術之關連

十九世紀以後的藝術，已不再是美的藝術，而是創造性的藝術（這其中當然也和新奇、獨特、個性有關聯）；創造性已成了現代藝術的必要條件之一（在十九世紀，它甚至還是充分條件[11]）。藝術由古代的模仿、近代的寫實和再現，一直到現代的創造，似乎是由光譜的一端走向另一端。然而，如果詳細考察藝術發展的歷史，會發現「模仿─創造」之間的張力，一直存在於各時期的藝術理論間，即使連模仿說占主流的古代，亞里斯多德對於藝術的看法，其實也比較偏向創造（雖然他仍寫使用模仿一詞）。

近代藝術就更不用說了，文藝復興之後，許多藝術家就搖擺於模仿和創造之間（或許他們未曾使用過這兩個詞語，也或許用了別的詞語來表示這兩個概念）。創造是藝術的一部分，卻不只限於藝術領域，它包括一切人類的活動（學術探討、商業行為，科學發明、文字創作、生活方式等等）。這就是現代創造性概念的特色。在這個階段，每個人都可以是創造者。見下面圖5。

到底什麼是創造性呢？其最重要的本質應該就是一種「新奇性」（novelty）。更周全地說應該是：創造性是人類運用**心靈能量**（mental energy）的表現，而此表現具有新奇性和獨特性；最極致的獨特性是一種**不可取代性**[12]。

圖5

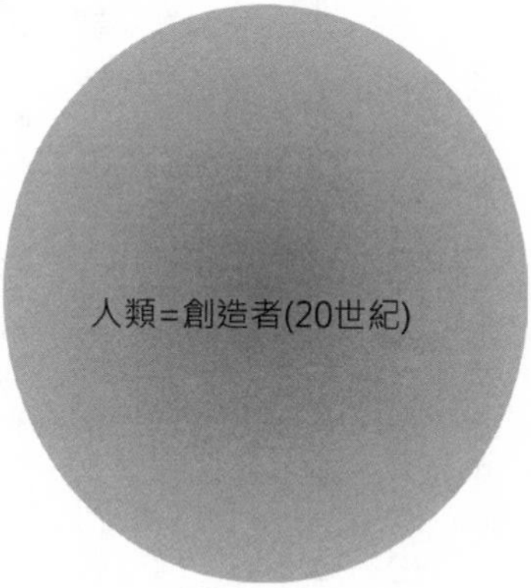

大師語錄 藝術可以被定義為一種符號語言。——卡西勒

總結：創造性的三個意涵

讓我們來總結一下創造性的發展與演變。

從古代到現代，藝術從美的藝術，變成創造性的藝術，也從模仿的藝術，變化為創造性的藝術，這兩條線在歷史上交錯發展。古代和中世紀認為沒有美就沒有藝術，沒有模仿就不是藝術，而現代則認為沒有創造性就不是藝術。當然，藝術的定義已經改變了，而創造的定義也改變了，創造與藝術的關係也改變了：由完全無關到現今成了緊密相連。我們將兩者的關係重新整理如左方圖6。

依照圖6，從古代到現代，創造概念之變化。共有三個圓圈，代表了三種創造性。左上方的中圓是創造性1「神＝創造者」（中世紀）。中間被包含在大圓中的小圓，是創造性2「藝術家＝創造者」（十九世紀）。右下方的大圓是最廣義的創造，創造性3「人類＝創造者」（所有人都能創造，這是二十世紀的概念），古代因無創造性概念，故用虛線表示[13]。

創造性1（神＝創造者）：是神的創造，和藝術的創造無關；人類的藝術活動也不等於神的創造。當時對於創造是如此理解的：首先，所謂創造指的是無中生有之事，這是人類做不到的；其次，創造在當時屬於一種神祕的活動，而非藝術性的活動；最後，藝術家必須遵守一定的法則和規範來製造（而非創造），這顯然與創造不同（創造是一種自由的活動）。由以上三點可知，神的創造（創造性1）和藝術家的製造（創造性2），是沒有交集的。

　　創造性2（藝術家＝創造者）：是藝術的創造；這個看法可以延伸為：一方面，每一種創造皆是藝術，另一方面，每一種藝術皆是創造。從語義上來說，藝術和創造是同義語；從邏輯上來說，藝術是創造的充要條件：藝術是創造，也只有藝術是創造。當然，這是最

圖6

大師語錄　作家的所作所為與玩耍中的孩子一樣，他創造一個他十分嚴肅對待的幻想世界。——弗洛依德

極端的表述，較為中庸或有所保留的說法，是並不是所有的藝術都具有創造性，只有「好」的藝術才具有創造性。無論如何，有一點是確定的，創造性不會表現在其他地方，而只會表現在藝術中。

不過，如果只有「好」的藝術才具有創造性，所謂的好，指的是什麼？嚴格來說，十九世紀時評定藝術「好」或「不好」，不只根據一個特點。在當時的觀點，一件藝術品不僅要令人讚美、興奮、驚奇，還要具有「形式的完美」。如果創造性是浪漫主義者重視的標準，那麼形式的完美就是古典主義者重視的標準。在浪漫主義出現之前，藝術的創造性並不被重視，「好」的藝術幾乎就取決於是否具有完美的形式。只有當完美和藝術之間的關聯逐漸鬆散，創造和藝術之間的關聯才會逐漸增強[14]。

創造性3（人類＝創造者）：是最廣義的創造，人人都可以是創造者。就圖6大圓和小圓的關係來說，我們可以理解為：有些創造是藝術（**或有些創造者是藝術家**），而全部的藝術都是創造（**全部的藝術家都是創造者**）。也就是說：如果全部的人類都是創造者，藝術家是人類的一部分，自然也是創造者。從邏輯上來說，「全稱命題」為真（全部的人類是創造者），則「特稱命題」亦為真（一部分的人類是創造者）亦為真，這種關係稱為「等差」（Subalternation）。從圖6的小圓圈來看，藝術家只是人類的一部分，即使全部的藝術家都是創造者，對人類來說，也只是「一部分的人類是創造者」。

總之，古代（無創造）和中世紀（只有神能創造），創造性位於美學之外，近代以後才進入美學之中（藝術家能創造），現代則又走出美學之外（創造不只於藝術）。上文提到創造性被理解為「新奇性」、「心靈能力」和「獨特性」，從近代開始，創造性的理論逐漸蓬勃發展，以心理學領域最為耀眼[15]，美學或藝術哲學的創意理論反而較為少見[16]，這或許是因為創造力已經跨越了人類活動所有的層面，而不只限於藝術，因而美學或藝術哲學的研究相較之下才顯得比較少見。

模仿概念的發展與演變[17]

今日英文中有關模仿的字彙有兩個，分別有不同的來源：第一個詞是「mimic」（模仿的），源自希臘文「μίμησις」（mimesis：模仿）；另一個詞是「imitation」（模仿），源自拉丁文「imitatio」（模仿）。這兩個詞指的是同一事，不過，在今日，模仿多多少少都意指複製（copying），然而在古代的含意卻至少有四個，類似複製的意義

大師語錄 真正的藝術品包含著自己的美學理論，並提出了讓人們藉以判斷其優劣的標準。——歌德

只是其中之一。

作為創造的反義詞與對比項，模仿不僅在概念上是理解創造不可或缺的條件，在西方美學上也比創造更早占據主流地位。它的發展與演變甚至比創造歷史更為複雜，以下我們將分為四個時期來討論模仿概念的發展與演變[18]。

古代時期

希臘文「μίμησις」（mimesis）在希臘時期就已有所發展演變，具有四個意涵。

1.最初的意思是指「**祭司所從事的禮拜活動**」（如舞蹈、奏樂、歌唱等等），模仿在這個階段指的是「**顯示內心的意象**」，不表示複製心外的現實[19]，因此這個詞也未應用在視覺藝術上。

2.德謨克利圖斯（Democritus, 460 BC-370 BC）則將之用作「**對自然作用之方式的模仿**」：如紡織時，我們模仿蜘蛛刪除。這種用法主要是應用在具有實用性的藝術（技術）上。

3.柏拉圖接受其師蘇格拉底的用法，並加以擴展，將模仿視為「**事物外表的翻版**」。依柏拉圖的觀點，繪畫、雕刻及詩歌全部都是模仿的藝術。必須注意的是，雖然柏拉圖將藝術（技術）理解為模仿性的，但這只是說他認為希臘藝術的「實然」（實際狀況）是如此，並不代表他贊成這種模仿性的藝術。在《理想國》第十卷，他就指出藝術的模仿特質，使之遠離了真理[20]。

4. 亞里斯多德繼承柏拉圖的用法，卻又加以變化。他主張藝術的模仿可以把原來的事物表現得更美或更醜，也可以把它們應然的模樣顯示出來；也就是說**模仿**並非是對實在的忠實臨摹，而是「**對實在的自由的接觸**」，藝術家可以用自己的方式表現實在，他更結合了禮拜性（**第一種**）和柏拉圖所採用的模仿概念（**第三種**），把它同時應用在音樂、雕刻及戲劇上。換言之，亞里斯多德已將模仿注入了類似我們現在稱之為創造的概念了（雖然當然希臘人並不使用創造這個概念）。

古代的四種模仿概念

時期或代表者	意涵	適用之藝術（技術）類型
祭司所從事的禮拜活動	顯示內心的意象（表現）	舞蹈、奏樂、歌唱
德謨克利圖斯	自然作用	紡織、建築、唱歌
柏拉圖（蘇格拉底）	事物外表的翻版	繪畫、雕刻及詩歌
亞里斯多德	對實在的自由的接觸	音樂、雕刻及戲劇

大師語錄　在機械複製時代，藝術作品被觸及的，就是它的「神韻」(靈光)。——班雅明

我們可以將古代的四種模仿概念整理如上頁的表格。古代模仿的四種涵意，後來只剩下柏拉圖和亞里斯多德的概念存下來，在後來的藝術史繼續發揮影響力。在**希臘化時代**和**羅馬時期**，有些學派採用亞里斯多德的主張，但柏拉圖式的概念仍然很流行；不過，也有直接反對這兩種解釋的人，這倒不是說他們採取另一種對「模仿」的主張，而是這些人根本就反對模仿說。

中世紀

1.中世紀的前期比較具有代表性的主張是冒名的迪奧尼修（Pseudo-Dionysius，約為五世紀—六世紀）和奧古斯丁（St. Augustine, 354-430），他們認為藝術如果旨在模仿，那就理當讓**去模仿不可見的世界**，它不僅永恆，而且比可見的世界更加完美。如果藝術一定要把自己侷限在可見的世界上面，那就讓它在其中探索永恆之美的蹤跡。為達到此目的，與其透過實在直接的再現，不如藉助於各種象徵。這個時期，我們可以稱之為「**透過可見的世界去模仿不可見的世界**」。

2.其他的中世紀思想家想家，如戴爾都良（Tertullian, c.160-225）甚至相信上帝禁止任何對於這個世界的模仿；而士林學派的哲學家則相信精神性的再現，遠比物質性的再現來的高級也更有價值。到了中世紀高峰期，波那文都拉（St. Bonaventure, 1221-1274），甚至談到：忠實模仿實在的繪畫，當時被人嘲諷為「真理的沐猴而冠」（aping of truth）。**這個時期，模仿被棄之不用**。

3. 但是，模仿說並未完全被消滅。十二世紀時的人文學家若望．徹里斯布雷（John of Solisbury, 1120-1180）等人的著作中，仍有模仿；他為繪畫所下的定義，就跟古代人（柏拉圖）所下的定義一樣：模仿。十三世紀的大師、亞里斯多德研究學者多瑪斯．阿奎那，也毫無保留地重覆古代的主張：藝術模仿自然（arsimiternaturam）。**這個時期可以說是模仿說又重新得勢的時期**。

文藝復興時期

在文藝復興時期，模仿到達了頂峰。近代的拉丁文從羅馬的拉丁文中採取了「imitatio」（模仿）一詞——義大利文的「imitazione」、法文及英文的「imitation」，都源自這個詞。而斯拉夫人、德國人也創造出了模仿的同義字。

十五世紀初，所有的視覺藝術都率先接受了模仿說；到了十六世紀中葉，當亞里斯多德的《詩學》重新被歐洲人接受時，模仿的名詞、概念和學說，變成了文藝復興

大師語錄 美學完全被誤解了……由於「美的」是個形容詞，所以你就很容易會誤解說「這件東要有一種美的特質」。——維根斯坦

詩學中最主要的因素。到了十八世紀初，模仿仍舊是美學的基本問題，一七四四年維柯（GiambattistaVico, 1668-1744）在《新科學》（*Scienzanuova*）[21]中宣告：「詩除了模仿之外便什麼也不是。」

雖然「imitatio」在藝術理論中保持住它的地位，至少長達三個世紀之久，但這並不代表它在當時是一種具有一致性的學說。在視覺藝術的理論和詩學中，對於模仿就有許多不同的論調。有些是在亞里斯多德的方式中去了解它，其他的則依照著柏拉圖及通俗的忠實模仿概念去理解。因此，名稱雖然一致，眾人對它的理解卻不太一致，詮釋上產生的爭議仍然很多。

文藝復興時期的作家們紛紛強調，並非所有的模仿都適用於藝術，只有好的、藝術的、美的和想像的模仿，才適用於藝術。由此可見，文藝復興時期的人們，對於模仿所形成的藝術品的條件要求大於它的原型，甚至對於模仿品的評價也高於對原型的評價。可見藝術已不等於原型，已經消解了原型的真實的尺度與標準，在藝術方面不再只是外形的模仿，藝術也必需為美而服務，賦予其意義，並且加入了一些心理與精神層面的東西。總而言之，**模仿已脫離了刻板複寫實在的概念了**。

啟蒙時期之後至今

最極端的模仿說形態都出現在十八世紀。有些人認為模仿是一切藝術的通則，不只限於具有模仿性的藝術部分。而啟蒙時代同時期的一個美學家，一方面推廣了這樣的看法，但是又斷言藝術非真實的全部，而是美好的、且實際存在的事物。

到了十八世紀末期和十九世紀初：模仿的重心轉移了，之前被應用在詩學，現在重心則轉移到「視覺藝術」的領域了。不過，這只是應用範圍的改變，模仿的概念並沒有新的變化；實際上，當時認為對於模仿這個課題，該探究的皆已經探究過了，因此對於模仿較少感到興趣。

十九世紀後：模仿又被拿出來討論，不過，對於模仿的概念不再忠於古代的原則，而是加上新的轉變：藝術之定義已由美、模仿（寫實）轉向創造。

大師語錄　區分真藝術與假藝術有一個不可懷疑的標誌——那就是藝術的感染性。——托爾斯泰

模仿說的理論及其演變

模仿說的主要論點

模仿說的要點就是指「藝術模仿實在」，這個見解統治歐洲文化將近二十個世紀之久。當然，它不一定具有統一的名目，然而萬變不離其宗，不外是用模仿、複製（十八世紀以後）、寫實（十九世紀以後）這些字眼來表示。當然還有其他的字眼，例如文藝復興時期的義大利人，就用「ritarre」（描繪）來表示忠實的模仿，而用「representatio」（再現）來表示「自由的表現事物」（即亞里斯多氏意義下的模仿）。

從應用範圍和模態來談

以下我們將從「應用範圍」和「模態」來談論模仿說。

✲ 就應用範圍來說

柏拉圖和亞理斯多德將藝術分為原創性（如建築）和模仿性（如繪畫），並將模仿說單獨應用在模仿性的藝術之上。後繼者也比照他們的做法。直到十八世紀：法國學者巴多（Charles Bateaux, 1713-1780）擴大了應用範圍，把建築和音樂也包括進來，放在模仿的藝術裡，呼應「**一切藝術同是模仿**」的主張。

✲ 就模態（modality）[22]來說

隨著時代的變化，模仿說的陳述方式也有所轉變：希臘時期的模仿說是針對事物之實況做描述，講的是一種「實然」。而在近代，如果藝術善盡職責，它便「應該」去模仿實在；這講的是「應然」。舉例來說：在希臘時期，當柏拉圖說：「藝術模仿實在」，他指的是「實然」（雖然他不認同這種實然）[23]；然而在近代，托爾誇托．塔索（Torquato Tasso, 1544-1595）則認為「模仿乃詩的本質，唯有模仿才使詩成其為詩。[24]」也就是如果詩希望善盡它的職責，它「必須」去模仿實在。他講的是「應然」。

大師語錄　藝術是創造那能象徵人類情感的形式。——蘇珊．朗格讓我們做個小結，綜合上述兩點，在理論結構上，古代的模仿說從「狹義的理論結構」演化為近現代的「廣義的理論結構」，應用範圍擴大了；從「實然的理論結構」，演化為「應然的理論結構」，斷言的方式強化了。然而，正如歷史所顯示，這種擴大和強化的結果，反而促成了模仿說的崩潰[25]。

藝術家對於模仿難易的爭論

在模仿說流行的這漫長的世紀中，一直存在一個重要的爭論，就是：「模仿到底容不容易？」這個問題其實是在問：**模仿容易，還是創造容易？**對大部分的藝術家來說，答案是簡單的：「模仿即使不是輕而易舉，至少也比憑空創造來得容易！」中文有所謂的「有樣學樣」、「依樣畫葫蘆」之說。這種說法很容易理解，就是有個樣本可以讓藝術家參考，總比藝術家無中生有的「創造」還容易。但是米開朗基羅的意見卻相反，他認為，自然是如此完美，創作出現時不存在之物，遠比模仿現存的實物來得更輕易。[26]」《韓非子》中所說的「畫鬼容易畫人難」，也是在講同樣的道理[27]。

這個問題還有一點值得我們思考，模仿是否只是依樣畫葫蘆，而創造（無中生有），真的是天馬行空、無所本的憑空創造嗎？這在藝術創造和美學討論中都是一個很重要的問題。

藝術中的創造與模仿

現在我們正式來討論藝術中創造與模仿的關係。乍見之下，模仿是百分之百的「COPY」，而創造則是百分之百的建構。這樣的看法並不符合事實，不論是在藝術學習或藝術創造中，模仿與創造的關係都不應該如此看待。以下我們將說明應該如何正確看待模仿與創造的關係。

模仿是創造的必要條件，但不是充分條件

美學大師朱光潛先生曾說：「古今藝術大家在少年時所做的工夫大半都偏在模仿。米開朗琪羅費過半生的功夫研究希臘羅馬的雕刻，莎士比亞也費過半生的工夫模仿和改作前人的劇本，這是最顯著的例子。中國詩人中最不像用過工夫的莫過於李太白，他集中模擬古人的作品極多，只略看看他的詩題就可以見出。杜工部說過：『李侯有佳句，往往似陰鏗』，他自己也說過：『解道長江靜如練，令人長憶謝玄暉。』

大師語錄　美不能說明而只能感到。——豐子愷

他對於過去詩人的關係可以想見了。[28]」

畢達哥拉斯的模仿定義，用我們的話來說，就是「照著做」。所謂「熟讀唐詩三百首，不會作詩也會吟」；模仿得道地，就會做詩，就成了創造；模仿得不道地，至少也能朗朗上口。

不論是藝術家、工匠、正在學習的學生乃至一般人，都是透過模仿而學習的；不論是技能、知識或人生態度，無一不是透過模仿而來。然而模仿只是「開始」，並不是「完成」。如果永遠只停在模仿，那麼永遠都只是人云亦云，永遠都沒有自己的創造。當然，這只能說明模仿是必要條件，而非充分條件。

不靠模仿，幾乎不可能有創造；但只有模仿，則毫無價值

我們可以借用「守—破—離」的理論來說明模仿與創造的關係[29]。

「日本室町時代的能劇名演員觀阿彌、世阿彌父子，曾留下一句名言：『守破離』——『守』就是完全遵守教條，學習教條。『破』就是重新設定以往學到的東西。了解『守』的真正意義，才能夠『離』，也就是脫離過往，確立自己的風格。[30]」

就創造與模仿的關係來說，我們可以這樣理解：「守」是過去的資本和涵養，如

老師的教誨或文化的資產，是純粹模仿的階段，是在練習基本功；「破」是重新消化「守」這個階段所吸收的東西，重新詮釋、突破常規，開始反省自己之前的模仿；而「離」則是嶄新的創造，脫離窠臼，自創一格。

必須注意的是：如果「守得不夠深」，就無處可「破」，當然也就無法可「離」。也就是說，嶄新的創造（「離」）是要建立在扎實的模仿（「守」）[31]之上，而突破常規（「破」）則是兩者之間的橋樑。換言之，在「守」這個階段，以模仿為主，學習老師教導的一切，可以說是打根基的階段，所以務必要多吸收以利於之後的發展；在「破」這個階段，是對學到的東西作出有別於傳統的觀點，開始培養自己的觀點、訓練自己的方式；到了「離」這個階段，則是走出自己的道路，一種獨特的創造。

透過「守—破—離」的詮釋，我們可以與「創造—模仿」的關係作結合：守（模仿）—破（不按理出牌、突破常規）—離（自創一格）。

狹義的創造就只有在「離」這個階段：自「創」一格；廣義的創造，則是在「守—破—離」這整個過程；創造，作為全體的過程，乃是不斷的模仿，然後不按理出牌、突破框架，之後脫離窠臼、自創一格。

大師語錄 一切美的光是來自心靈的源泉；沒有心靈的映射，是無所謂美的。——宗白華

創造是打破之前固有的連結並建立一個嶄新的連結：意想不到的連結

如果創造被理解為「自創一格」，那就必須要打破固有的、僵化的連結，並且重新建立一個新奇的、意想不到的連結。

「**藝術家從模仿入手，正如小兒學語言，打網球者學姿勢，跳舞者學步法一樣，並沒有什麼玄妙，也並沒有什麼荒唐。不過這一步只是創造的始基。沒有走到這步就止步，則不足以言創造。我們在前面說過，創造是舊經驗的新綜合。舊經驗大半得諸模仿，新綜合則必自出心裁。**[32]」

「新綜合」就是建立新的連結；但如果沒有透過模仿，沒有舊的材料，如何建立新的連結呢？正如「破」和「離」是透過「守」而來，建立新的連結，必然也是透過打破舊的連結而來；而這個新的連結，由於是「別出心裁」、「自創一格」，而是以一種前所未見的方式將兩個或多個項目連結起來，因此，也可以稱之為「意想不到的連結」[33]。

賴聲川在《賴聲川的創意學》一書中，用「連結」來說明創意，他認為「連結是創意思考的關鍵。[34]」他也引用了作家普羅姆（William Plomer, 1903-1973）的觀點：「創意是將似乎不連貫的事物連結在一起的能力。[35]」

而在 Sternberg 的《創造力I‧理論》也提到同樣的觀點，如：「所謂的創意，是指同時具備獨創和適合的情境的想法。創造性的產品，似乎總是由既有的心智元素以新穎的方式組成而成。誠如 Poincare 所言：『創意就是向我們揭示意外的親屬關係，（類似）在某些人已熟知的事實，但被其他人誤以為是陌生的……創造即為將有用的要素連結起來產生新的組合。』[36]」

不論是從「守—破—離」，或是「意想不到的連結」來解釋模仿與創造的關係，都說明了同一件事：模仿是創造的起點，而創造則是模仿的終點和目標。

延伸閱讀與推薦影片

關於本章的內容，我推薦幾本美學名著和幾部影片（卡通），給各位讀者做進一步的參考。

大師語錄 我們稱為美的東西，就是那些非實在之物的形象表現。
——沙特

延伸閱讀：美學名著

一、塔塔基維茲著，劉文潭譯，《西洋六大美學理念史》（台北：聯經，2005），其中的三章〈創造性：概念史〉、〈模仿：藝術與實在的關係史〉、〈模仿：藝術與自然和真理的關係史〉；此三章詳細了西方美學中「創造」與「模仿」概念和理論的演變與發展，特別是前兩章，為本章取材和改寫的來源；能進行英文閱讀或中英對照閱讀的讀者，建議可以對比英譯本來閱讀，將更有收穫。英譯本為：Tatarkiewicz, W. Translated from the Polish by Christopher Kasparek, *A History of Six Ideas: an Essay in Aesthetics*. The Hague: MartinusNijhoff,1980.

二、朱光潛，〈不似則失其所以為詩，似則失其所以為我——模仿與創造〉，《談美》，收於《朱光潛全集》第二卷，頁82-83；合肥：安徽教育出版社，1987。這篇談的「模仿與創造」，文字深入淺出，難度不高，卻富有啟發性；讀者可以配合另外一篇來閱讀：〈讀書破萬卷，下筆如有神〉，頁84-89；這篇談的是「天才與靈感」，算是跟「創造」關係非常密切的主題。

推薦影片

一、「三個傻瓜」（3 Idiots, 2009），這部電影直接涉及到「創意」與「模仿」，也可以從我們文中談到「守─破─離」和「意想不到的連結」來分析。當然這部電影的內涵並不只限於此，我們此處只是從它和本章相關的主題來做介紹，更多的內涵，需要觀者自行去挖掘。

二、幾部日本動漫「哆啦A夢」（涉及「創意」、「意想不到連結」等）、「中華一番」（涉及「模仿與創造」、「守─破─離」）、「烘焙王」（涉及「模仿與創造」、「守─破─離」）；這些動漫的劇情雖然有時天馬行空，但其中的創意卻信手拈來，俯拾即是，給我們的啟發並不是在「知識」（雖然其中亦充滿豐富的知識）的獲得，而在「想像力」的無限擴大。

3分鐘 重點回顧

❶ 創造性在古代不被重視，在中世紀開始出現，在近代開始進入藝術之中，而在當代則進而擴及人類全部的活動。

❷ 在古代約一千多年的時間裡，不論在哲學、神學，或是我們目前所謂藝術的領域，與創造性（或創意）相應的希臘文名辭根本不存在；頂多有「製造」（ποιεῖν, poiein, to make）這個詞，而羅馬人雖然使用「creator」一詞，但對他們而言這是「父親」的同義語。

❸ 希臘人心中的藝術家與藝術（或更好說是技術家和技術）的概念，不包含自由，而是對規則、法則的遵循，或依照法則來製造事物。

❹ 中世紀已有創造或創造性的名詞，也有創造的概念。但不論是名詞與概念，都只限用於神學的領域。

❺ 如果世界（特別是自然界）是上帝創造的，那麼藝術家只要去模仿自然，就是最好的藝術。這種藝術理論起源於希臘時期（特別是柏拉圖）的模仿說，而在中世紀成為主流的理論之一。

❻ 在十九世紀，藝術家即是創造者，也只有藝術家才是創造者。

❼ 什麼是創造性呢？最重要的本質應該就是一種「新奇性」。更周全地說，創造性是人類運用心靈能量的表現，而此表現具有新奇性和獨特性；最極致的獨特性是一種不可取代性。

❽ 作為創造的反義詞與對比項，模仿不僅在「概念」上是理解創造不可或缺的條件，在西方美學上也比創造更早占據主流地位。

❾ 柏拉圖和亞理斯多德將藝術分為原創性和模仿性，並將模仿說單獨應用在模仿性的藝術之上。

❿ 古代的模仿說從「狹義的理論結構」演化為近現代的「廣義的理論結構」，應用範圍擴大了；從「實然的理論結構」，演化為「應然的理論結構」，斷言的方式強化了；然而，正如歷史所顯示，這種擴大和強化的結果，反而促成了模仿說的崩潰。

本章注釋

1. 本章所指的「創造」，指的是動詞「to create」或名詞「creation」，這個詞在十九世紀的脈絡中則會譯為「創作」；而抽象名詞「creativity」，在本書中則會依照文脈之不同而譯作「創造性」或「創意」，有時也會兩者並陳為「創造性（或創意）」。
2. 下文會提到廣義的模仿（含「寫實主義」）流行約二十個世紀之久，而創造的概念和理論則一直潛伏著，真正和美學及藝術領域相關而浮上檯面，比較寬鬆的認定是十四世紀以後，而比較嚴格的認定則要到十九世紀以後。然而十九世紀以後，創造就比模仿發揮了更大的影響力了。
3. 本節所述關於創造性的概念發展史，原則上是取自：塔塔斯維茲著，劉文潭譯，《西洋六大美學理念史》（台北：聯經，2005）的「創造性：概念史」一章（頁293-322）；這是在美學論述方面有關「創造性」概念史最經典的文字之一。譯文採用的是中譯本的譯文，但也經過我個人的剪裁、部分改寫、補充，甚至重譯（因為部分文句或專有名詞有誤）；因此，除非需要（如需要註明引文出處的地方或者當我的譯文與原譯本不同的時候），否則不再特別說明引用的部分。此外，各時期的標題都是作者所加。
4. 《西洋六大美學理念史》，頁293。此詞是英文「詩」（poetry）之希臘文動詞。
5. 這裡指的是柏拉圖《對話錄》〈蒂邁烏斯〉中的「迪米奧格」（Demiurge），祂和後來基督宗教的上帝不同的地方在於：祂不是造物主，祂不創造物質；祂比較像一個設計師或建築師，根照現有的材料或物質來設計或建構。

6. 這句話的英文表述是「Nothing can come from nothing」（無物能來自於無），這是先蘇哲學家（蘇格拉底以前的哲學家們）最早面對的哲學課題之一。讀者可以參閱《蘇菲的世界》論「自然派哲學家」那一章的「沒有事物會來自虛無」部分（喬斯坦．賈德著，蕭寶森譯，《蘇菲的世界》，上冊，53-54頁，台北：智庫文化，1995）。

7. 《西洋六大美學理念史》，頁304。

8. 這個字即是英文字尾「-nomy」，如「經濟學」（eco-nomy）、「天文學」（astro-nomy）等等。

9. 比較明確的說法是指四七六年（西羅馬帝國滅亡）至一四五三年（東羅馬帝國滅亡）這將近一千年的時間。

10. 同上，頁317-318。

11. 所謂的「充分條件」（sufficient condition），是指：「有之必然，無之未必不然」。意思是說，有那個條件就夠了，不需要其他條件，但是缺少那個條件卻未必不可以。而「必要條件」（necessary condition），是指：「無之必不然，有之未必然。」意思是說，缺少了那個條件就一定不可以，但是只有那個條件還不一定夠。

12. 在《六大美學理念史》中，塔塔基維茲所整理出來的創造性特質最主要的是「新奇性」和「心靈能量」兩項；我們再加上「獨特性」（及「不可取代性」）一項，還要加上「對社會的影響」、「受到領域專家認可」等等。

13. 我這裡的論述順序和《西洋六大美學理念史》原來的順序不同：我互調了創造性2和創造性3的順序，因為這樣的調動才會和這兩個概念的歷史發展順序一致：先創造性2（十九世紀），再創造性3（二十世紀）。

在原書中，是用「特稱命題」：「有些藝術家是創造者」（頁320）；但從邏輯上來看，應改為全稱「全部的藝術家是創造者」比較合理。

14. 「完美」（perfection）和「美」（beauty）是不同的：前者為「善＋美」；後者為不包含善的純粹「美」。「完美」和「藝術」的聯結在中世紀-近代較為緊密，而「美」和「藝術」的聯結，則從古代一直到十九世紀都很普遍，直至十九世紀後才日漸薄弱。參見DAY 2論及藝術的部分。

15. 關於這方面的理論可以參見如下二書：Robert J. Sternberg編，李乙明、李淑貞譯，《創造力I．理論》，台北：五南，2009；以及Robert J. Sternberg編，李乙明、李淑貞譯，《創造力II．實務》台北：五南，2009。

16. 在周德禎、賀瑞麟等著，《文化創意產業：理論與實務》（台北：五南，2012）中，我嘗試建構三個哲學性的創意理論：「守—破—離」、「意想不到的連結」和「創意四環節」（重構自亞里斯多德的「四因說」），請參見該書第二章〈創意與文化創意產業〉。

17. 本節所述關於模仿的概念發展史，原則上是取自《西洋六大美學理念史》的「模仿：藝術與實在的關係史」一章（頁323-354）；該書另有一章「模仿：藝術與自然和真理的關係史」（頁355-424），與本章關係較少，取材與引用仍以「模仿：藝術與實在的關係史」這一章為主。引用的方式和上節「『創造性』的概念發展史」的部分相同：譯文採用的是中譯本的譯文，但也經過我個人的剪裁、部分改寫、補充，甚至重譯（因為部分文句或專有名詞有誤）；因此，除非需要（如需要註明引文出處的地方或者當我的譯文與原譯本不同的時候），否則不再特別說明引用的部分。此外，各時期的標題都是我自己加上的。

18. 在《西洋六大美學理念史》中，原分為六期，本章將其中的四、五、六期併為一期。

19. 以DAY 3來說，就是此時是「表現」，而非「寫實」或「再現」。

20. 請參見上文「古代時期：無創造」裡所引的柏拉圖《理想國》中有關「床的比喻」。如果神心中的床是原版的「真理」，工製造的床是模仿神心中的床，算是第二版的真理；而畫家畫的床，則是模仿工匠製造的床，算是第三版的真理，由於是仿製，一版不如不一版，所第二版不如第一版，第三版不如第二版。以階層來算，畫家畫的床，算是第三層真理，離第一層真理有兩層之遙。

21. 中譯本將之誤譯為「科學新聞」（見《西洋美學六大理念史》，頁329），《*Scienzanuova*》實為維科之名著《新科學》，該書提出「詩性智慧」一詞，認為這是創造力的根源。此書的中譯本有朱光潛的譯本：《新科學》，商務印書館出版，後來收錄於《朱光潛全集》第二十五、二十六卷，合肥，安徽教育出版社，1987。

22. 此處中譯者誤譯為樣式，似乎將「modality」一詞理解為「mode」；「modality」中譯多做為「模態」、「樣態」或「情態」，指的是說話者在語句上加上「可能」、「或許」、「必然」等字眼，來達自己認知的強弱程度。

23. 這意思是說：當我說：「大家都闖紅燈」，這表示我看到的實際狀況（實然），可是我心理並不贊成這種「大家闖紅燈」的狀況；我反倒認為「遇到紅燈，大家應該停下來！」（應然）。柏拉圖的狀況也是一樣，他描述的「實然」是「希臘的藝術是在模仿」，但他認為「藝術不應該只是模仿」（應然）。

24. 《西洋六大美學理念史》，頁337-338。

25. 如上文所述，十九世之後，「創造」成了藝術最重要的精神。
26. 《西洋美學六大理念史》，頁338。
27. 《韓非子》原文如下：「客有為齊王畫者，齊王問曰：『畫孰最難者？』客曰：『犬、馬最難。』齊王曰：『孰易者？』客曰：『鬼魅最易。夫犬馬，人所知也，旦暮罄于前，不可類也，故難；鬼魅無形者，不罄于前，故易之也。』」
28. 朱光潛，〈不似則失其所以為詩，似則失其所以為我——模仿與創造〉，《談美》，收於《朱光潛全集》第二卷，頁82-83；合肥：安徽教育出版社，1987。
29. 參見藤卷幸夫著，林欣儀譯，《守破離創意學》，台北：臉譜，2010。其實這本書所說的都是作者自己在商場上的實戰案例，並非嚴格的理論；我們借用他的「守破離」說法，引申並重新建構成一套理論。關於我的引申，請參見《文化創意產業：理論與實務》，頁51-55。
30. 《守破離創意學》，頁55。
31. 創意研究中有所謂的「十年法則」（10-Year Rule），指出許多專業領域至少要浸淫十年以上才會有所成，參見《創造力II・實務》，頁301-304。
32. 〈不似則失其所以為詩，似則失其所以為我——模仿與創造〉，頁82。
33. 台灣聞名於世的特產就是把「粉圓」和「奶茶」連結在一起，成為「珍珠奶茶」，由於這個連結是前所未見的，故稱為「意想不到的連結」。將手機、相機、PDA、MP3和網際網路等等連結起來，而成為「智慧型手機」，也是一種意想不到的連結。
34. 賴聲川，《賴聲川的創意學》，頁285，台北：天下，2006。
35. 《賴聲川的創意學》，頁283。
36. 《創造力I・理論》，頁180。

Day 06
Weekend

週末

美學的實踐與應用

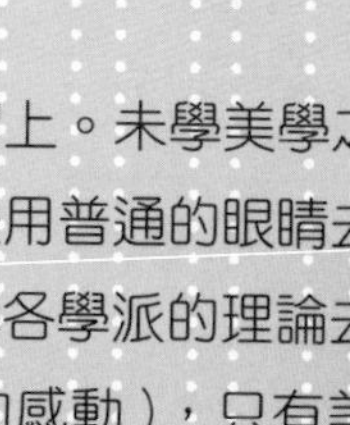

著名的人生三境界，也適用在美學的學習上。未學美學之前，見山雖然是山，見水雖然是水，但是這只是用普通的眼睛去看山看水。學習美學的期間，初學者會使用美學各學派的理論去研究日常生活中的美感現象，沒有美感（對美的感動），只有美學思維的運作，所以見山不是山，見水不是水，但這只是過渡期。等到學有所成之後，就可以在進行美學思維的同時保留對美的感動，這時又回到見山是山，見水是水的狀態了。

美學神功、美學程式與美學眼鏡

先總結一下我們這五天所學到的成果，此處，我用武學來比喻。

DAY 1 所學的是第一式：「總訣式」，是對美學整體的濃縮與導覽。我們從日常生活的美感現象進而談到對美的思維；從美是什麼談到了美感是什麼；從美學是什麼，談到了美學家、美學學派和美學經典中處理的美學議題。

DAY 2 所學的是第二式：「雙手互博」。我們學到了美學這個名稱的由來與學科的成立、學到了美學的內容和研究對象：美學是「美＋感之學」；我們也學到了第三招：「海納百川」（美學史）的一半，從古代到中世紀、關於中世紀以前的美學家們關於美和藝術的理論。

DAY 3我們學到了第三式：「海納百川」（美學史）的下一半：從近代到現代、乃至後現代，美學家們關於美和藝術的理論。

DAY 4我們學到了第四式：「對敵態度」（美感經驗）和第五式：「兵器之利」（「形式」）。在第四式中，我們學到了美感經驗的整體：美感態度、美感經驗和美感對象。而在第五式中，我們學到了形式所具有的五個意涵。

DAY 5我們學到了第六式：「守—破—離」，也就是創造與模仿這兩個重要的美學主題。我們學到創造概念的演變與發展、模仿概念的演變與發展以及創造與模仿的關係。

在DAY 6中，我們就不再學習新東西，而是專心來消化和融通這五天所學的種種，以下分別說明。

第一式：總訣（導論）

嚴格來說，此招並不是一招，而其他六個招式的精華；所以對初學者來說是最難的。為什麼「導論」（總訣式）是最難的呢？對於已經學過美學的人來說，美學導論

大師語錄　美是「成功的表現」，醜就是不成功的表現。——克羅齊

太過簡單，導論只是一個前導。但是對於一個未學過的美學的人，導論是美學全部的濃縮和精華，是一個完全陌生的東西，會讓人不知從哪裡開始，所以最難。然而這卻是每個初學者一定要經過的階段，因為它是之後各章的基礎。

在《笑傲江湖》中，風清揚在傳授「獨孤九式」給令狐沖「總訣式」（第一招）的時候，說：「**第一招中的三百六十種變化如果忘了一變，第三招便會使得不對……當年我學這一招花了三個月的時光……**」金庸的「旁白」如此說：「**那獨孤九式的總訣足足有三千餘字，而且內容不相連貫，饒是令狐沖記性特佳，卻也不免記得了後面，忘記了前面，直花了一個多時辰，經風清揚一再提點，這才記得一字不錯。**」風清揚要令狐沖從頭至尾連背三遍，見他確已全部記住，說道：「**這總訣是獨孤九劍的根本關鍵，你此刻雖記住了，只是為求速成，全憑硬記，不明其中道理，日後甚易忘記。從今天起，須得朝夕念誦。**[1]」同樣的道理也適用於美學，如果導論的部分看不懂，沒有關係，就先念第一章，第二章，直到念完全書，再回頭看第一章，相信你會有不同的體會。

☼總訣的應用

這招要怎麼用呢？

1. 破「名不符實」

此招可以用來對付所有以「美學」為名，卻名不符實的各種廣告、宣傳或錯誤的資訊。以廣告為例：坊間有許多「××美學館」，其實是賣保養品、化妝品的。實際上，學「美學」並不會讓你外表更美，而是讓你更能「思考」美；這當然會提昇你的美學素養，間接提昇你對美的認知與感受，但絕對不是直接地讓你變美，除非我們的美指的是內在美：研讀美學當然會提升你的內在美！

2. 破「望文生意」

心理學是學心理、物理學是學物理，那麼美學是不是學美？如果是，它和美感教育有何不同呢？簡單地說：美學並不是美感教育或美育，它不是教你如何審美、欣賞美的學問，美感教育是對美感能力的涵養，重在實踐；美學是在思考美，所以它涵養

大師語錄　沒有任何經驗可以有統一性，除非它具有美感性質。
——杜威

的能力是思考；當然任何美學都不會反對美感教育，因為美學思考的內容是要透過美感教育才得以落實的；但美學和美育不同，就像倫理學不等道德教育一樣。

3. 破「無限擴張」

學了「導論」總訣式，我們也可以對於「美學」一詞無限的擴張更敏感：近年來幾乎所有的事情都可以冠上美學二字，比如說一部槍戰電影可以冠上「暴力美學」，整型外科可以使用「醫學美學」，頹廢的人可以說他有一套「頹廢美學」，明明是色情，就硬要說是「情色美學」，真是不勝枚舉。這其實就是名不符實的延伸版本。

第二式：「雙手互博」（美＋感）

在這一招中，一手是「美之學」，一手是「感之學」；雙手並用，威力加倍。

金庸在《射雕英雄傳》裡面有這樣的描述——

周伯通道：「我在桃花島上耗了十五年，時光可沒白費。我在這洞裡沒事分心，所練的功夫若在別處練，總得二十五年時光。只是一人悶練，雖然自知大有進境，苦在沒人拆招，只好左手和右手打架。」

郭靖奇道：「左手怎能和右手打架？」

周伯通道：「我假裝右手是黃老邪，左手是老頑童。右手一掌打過去，左手拆開之後還了一拳，就這樣打了起來。」說著當真雙手出招，左攻右守的打得甚是猛烈。郭靖起初覺得十分好笑，但看了數招，只覺得他雙手拳法詭奇奧妙，匪夷所思，不禁怔怔的出了神。天下學武之人，雙手不論揮拳使掌、掄刀動槍，不是攻敵，就是防身，但周伯通雙手卻互相攻防拆解，每一招每一式都是攻擊自己要害，同時又解開自己另一手攻來的招數，因此上左右雙手的招數截然分開，真是見所未見、聞所未聞的怪拳。[2]

周伯通的「雙手互搏」雖然太過誇張，但也相當有趣。基本上，「一心二用」，如左手畫圓，右手畫方，雖是極少人才能做到的事，但遠較「雙手互搏」更為合理。至少「一心二用」是針對兩件不同的事來進行，左右手只要算好時間差，造成一種「同時」的效用，也不無可能。但是左手打右手，右手打左手，兩手獨立運作，在邏輯上似乎不太可能，因為這兩手都屬於同一個人，一手要攻打另一隻手，大腦豈有不

大師語錄 要欣賞藝術品，我們除了需要具備形式與顏色的感覺與三度空間的知識之外，不需要任何東西。——貝爾

知之理？雖不合理，但仍然相當有創意。如果真的能夠左右手互搏，那威力豈不加倍！

郭靖道：「你雙手的拳路招數全然不同，豈不是就如有兩個人在各自發招？臨敵之際，要是使將這套功夫出來，那便是以兩對一，這門功夫可有用得很啊。雖然內力不能增加一倍，但招數上總是占了大大的便宜。」

周伯通只為了在洞中長年枯坐，十分無聊，才想出這套雙手互搏的玩意兒來，從未想到這功夫竟有克敵制勝之效，這時得郭靖片言提醒，將這套功夫從頭至尾在心中想了一遍，忽地躍起，竄出洞來，在洞口走來走去，笑聲不絕。……周伯通笑道：「我現下武功已是天下第一，還怕黃藥師怎地？現下只等他來，我打他個落花流水。」郭靖道：「你拿得定能夠勝他？」周伯通道：「我武功仍是遜他一籌，但既已練就了這套分身雙擊的功夫，以二敵一，天下無人再勝得了我。黃藥師、洪七公、歐陽鋒他們武功再強，能打得過兩個老頑童周伯通麼？」

類比地說，如果我們認為美學只有學美，那就好比只能用單手比武，威力當然不如雙手同時運用；而在第二招中，我們學到的是，美學主題不只是美，還有「感」，當範圍加大了時，我們的眼界也加大了。

※「雙手互博」的應用

這招要怎麼用呢？

1. 破美學只學美而不學感的錯誤觀念。
2. 破除美學只學藝術（美），不學自然（美）的片面做法；這也等於破除了美學等於藝術哲學的狹窄定義；美學只講藝術理論，會錯失了藝術之外的其他領域。

第三式：「海納百川」（美學史）

這一式的威力就在於可以吸收古代、中世紀、近代、現代和後現代諸位美學大師的武功精華。慕容復的「以己之道，還施彼身」，就是要以學會此招為先決條件。如果沒有扎實地去理解、吸收各家的學說要義，如何反過來使用那個美學家自身的理論來反駁他呢？比如用「理型論」來反駁柏拉圖、用「辯證法」來反駁黑格爾，這些都預設你要先學過對方的美學理論才能夠進行。當然這一招「海納百川」和段譽的「北

大師語錄　如果兩眼生來為著注視，美就是她存在的原因。
——愛墨生

冥神功」很像，可以吸取別人的內功；研讀美學史其實就是一個努力吸收前人理論的過程。吸收得不好，就會消化不良，會變成「吸星大法」，產生後遺症。

☼「海納百出」的應用

這招要怎麼用呢？這招主要在破「只要美學理論，不要美學史」的想法。基本上，任何一派美學理論，或多或少都一定衍生自前人的思想；歷史就像路況報導，可以告訴你哪些路段塞車，哪些路段好走。美學問題從古至今也經歷了二千多年了，可以讓我們學習的大師不可勝數，我們要避免的錯誤，也有無數的前人已經先行犯過了，如果我們學了美學史，就不用重蹈覆轍。

第四式：「對敵態度」（美感經驗）

所謂的「對敵態度」是指：以攻為守（主觀派美學）、以守為攻（客觀派美學）和攻守並進（互動派美學）。主觀派掌握機先，以攻為守，強調主動性（主觀派強調美感態度的主動性）；客觀派以守為攻，備好武器等敵人來犯（客觀派強調美感對象的客觀性質）；互動型（互動派美學），則攻守並進（互動派強調美感經驗中的各種主動性和被動性的「互動」）。各人依照自己的選擇，可以選擇自己欣賞的「敵對態度」。正如在戰場上，有人喜歡主動出擊，有人嚴陣以待，有人兩者兼具；這就是不同的對敵態度。類比到「美感經驗」就是強調主體的建構、客觀的性質或兩者的互動三個不同的立場。

☼「對敵態度」的應用

這招並不是要「破」；許多人對美感經驗的態度是混淆而複雜的，根本不知道自己屬於哪一派，這招其實是要「立」；顯現出自己的真實立場：是主觀派、客觀派，還是互動派。

第五式：「兵器之利」（形式）

這是從上一招衍生出來的，在美感經驗中，有一些派別認為形式是重要的，美感取決於形式，而非主觀的態度。類比在武學上，就是：「兵器」是獨立於使用者而可以幫他加分的。兵器有很多種，形式也有很多種。我們之前說過，其實近代以後的主觀派，並不反對形式對美感經驗的作用，只不過他們更注重主觀的態度而已。

大師語錄　真的藝術作品不是看見的，也不是聽到的，而是想像的。
——柯林烏

☼「兵器之利」的應用

這招要如何應用呢？它也不在「破」，而在「解」。主觀派就像用掌法的人，不需要其他武器；而客觀派則主張使用越好的兵器，獲勝的機會就越大。互動派的看法似乎比較圓融，舉個例子來說：在藝廊中看不懂畫作要表達的意境，是觀者的錯，還是畫作的問題？是畫作的形式不美嗎？還是觀畫者自己的先驗形式（美感態度）有問題？在日常生活中我們常常遇到的狀況，其實都有點類似蘇東坡和佛印之間的對話——

蘇東坡問佛印禪師說：「你看我像什麼？」

佛印說：「簡直像尊佛啊。」

蘇東坡很高興，說：「你怎麼不問我啊？你像什麼？」

佛印禪師：「好！我問你，你看我像什麼？」

蘇東坡說：「我看你像狗屎。」

回到家裡，蘇東坡得意洋洋地就跟蘇小妹說：「今天，我贏了。」

蘇小妹說：「你怎麼贏人家的，我可以聽聽嗎？」

他說：「我問佛印，我像什麼，他說我像一尊佛。後來我叫他問我，他就問我他像個什麼，我說他像狗屎。我是佛，他是狗屎。」

蘇小妹說：「你輸！。人家是佛心，看你看一切都是佛；你是狗屎心，看人看什麼都是狗屎。」

這也是延伸上一招的問題，心裡是什麼，看別人就像什麼。這並不是嚴格「先驗形式」的意義，但我們可以討論：這東西醜，是因為它不具任何美的形式？還是觀者自己透過「有色眼鏡」來看？對於形式抱持不同意見的人，會有不同的看法。

第六式：「守—破—離」（創造與模仿）

創造與模仿在理論上是兩個極端，在實際上卻是交織在一起的：通常創造都是透過模仿而來的。如果只是模仿外形，那只是形似；如果模仿的是精神，然後用自己的形式（外形）表現出來，那就是創造。

大師語錄　藝術就是真理在作品中的自行置入。——海德格

☼「守—破—離」的應用

這招要如何用呢？此招可破、亦可立，應用最為廣泛，不論在藝術或武學、對敵或修練都用得到，模仿到了底，有了新意，就成了創造；一味的重複，就只是模仿。在電視的模仿秀中，模仿者不僅表情，連口條、動作都像本尊（被模仿人）——如果只是這樣，那還是模仿；更厲害的是，能用本尊的邏輯、精神去說本尊沒有說過的話、做本尊沒有做過的事，這樣的模仿，就已經是創造了。這是我們用所模仿與創造對電視模仿秀所做的分析。「達摩傳法」的故事，就是個例證——

迄九年已，（達摩）欲西返天竺，乃命門人曰：「時將至矣，汝等盍何言所得乎？」時門人道副對曰：「如我所見，不執文字，不離文字，而為道用。」師曰：「汝得吾皮。」尼總持曰：「我今所解，如慶喜見阿　佛國，一見更不再見。」師曰：「汝得吾肉。」道育曰：「四大本空，而我見處，無一法可得。」師曰：「汝得吾骨。」最後，慧可禮拜後，依位而立。師曰：「汝得吾髓。」（《景德傳燈錄》）

這個故事的大意是這樣的：為什麼達摩要把法傳給慧可，是因為他得到了達摩的「髓」——他用自己的方式模仿到了神髓；因此說他是模仿也好，創造也好，此時已不可分了。

啟動「美學思維」的執行程式

上面都是用武學來討論我們所學會的功夫：美學思維。這裡，我們要導入電腦的比喻：我們要將「美學思維」視為一種應用程式，並且開始執行。

這裡，先看一段我個人的日記（2001. 01. 25，環島哲思）。

經過蘇澳（已數不清是第幾次了！）其實風景很美，以前都是在趕路，而且常有一些砂石車在前面擋道，所以開這條路很不愉快；但今天既不趕路又沒有大車（因為是在新年期間），所以可以專心欣賞風景，更可以「同時思考」我當下的旅遊活動！

然而，這種「同時思考」，是否會將我們的旅遊活動給異質化了？不會，因為我們只是將同時潛藏著的活動化隱為顯而已。就像一隻螞蟻在牆上，只有這個活動在進行嗎？

大師語錄 遊戲的真正體，就是遊戲本身。——高達美

螞蟻在牆上、我看到螞蟻在牆上、我知道我看到螞蟻在牆上、我知道我的知道至少有四個活動同時進行，這還是只就我和螞蟻兩者來談而已。顯在的，只有「螞蟻在牆上」；潛在的，有我的看和我的知。同樣地，我在「看」美景的同時，窗外的鳥鳴，溪水的流動，還有地球上許多不知名的物事也同樣在進行。

在我們旅遊時，雖然只專注於美麗的風景，其他事物退居背景，但並不代表它們不存在，它們同時在進行中！同樣地，在旅遊時，我們的思考也同時正潛在的進行著，將之喚出只是將視窗最大化而已。旅遊如此，其他活動亦然。隱藏的思維視窗一直存在，何不試著開啟它呢！

學了五天的美學，終有小成，我們啟動了「美學思維」的程式；雖然啟動了，但如果不執行它，它就會被最小化，然後隱藏起來。現在，我們要將原本隱藏的美學思維這個程式給召喚出來，讓它最大化，用它來分析印證各種美感現象。

戴上美學眼鏡，看出日常生活中的美學元素

生活中，到處都是美。有美，一定有人感受到它，並將之說出，這才有意義，否

則，就像一朵空谷幽蘭自開自落，它的美沒有任何意義。

現在的我們就像是一部筆記型電腦，安裝了美學思維應用程式，重新回憶 Day 1 我們所經歷的一切，會不會有什麼不一樣呢？我們現在已經啟動了美學思維程式（學會了戴上美學眼鏡看事情），讓我們重新看看這一天發生了什麼事吧！

・叫醒我們的音樂鈴聲（鬧鐘），旋律的悅耳與否和美感有關

啟動美學模式、戴上美學眼鏡之後看到的是這樣——

如果你覺得音樂好聽，那就是從「非實用的觀點」來看，這時候才會覺得美，如果你想賴床，而鈴聲擾你清夢，你不會覺得好聽（康德、布洛）。而音樂之所以好聽，是因為它的「和諧和比例」（畢達哥拉斯）。

・被鬧鐘叫醒之後，起床吃早餐，美味與否也和美感相關

啟動美學模式、戴上美學眼鏡之後看到的是這樣：早餐是否是美的，不在於他的美味與否，因為那屬於「味覺」和「嗅覺」，早餐頂多只能說是好吃，而不能說是美，美只涉及視覺和聽覺，除非是指它的造型或擺盤很好看（多瑪斯・阿奎那）。

大師語錄 藝術家自己不需要自己，而是藝術需要他。——杜夫海納

・用膳完畢之後，搭車上班，也許途經鄉間小路，也許途經市區，映入眼廉的不論是田園景緻或高樓大廈的天際線，車窗外的廣告看板，車裡播放的音樂，在在都與美感相關

啟動美學模式、戴上美學眼鏡之後看到的是這樣：美表現為一個整體（亞里斯多德）；除了和諧、比例之外，還有「鮮明」（多瑪斯・阿奎那）。

我們還可以繼續往下發展。

・下班之後，我去參加錄影，當一個歌唱比賽節目的現場觀眾；兩位參賽者唱完後，主持人問我，覺得誰唱的比較好？

啟動美學模式、戴上美學眼鏡之後看到的是這樣：其中一個是美聲唱法，比較「好聽」（十九世紀以前的美學標準），另一個唱得很有感情（浪漫主義的標準；黑格爾的浪漫型藝術）。真難選擇，最後我還是選有感情的那位，因為她的歌聲打動了我。

・另外一組，一個唱得很高，很像張雨生的唱法，另一個則很有自己的特色

啟動美學模式、戴上美學眼鏡之後看到的是這樣：一個是模仿，一個是創造。

主義」。

・去看畫展，看不懂，怎麼都是線條

啟動美學模式、戴上美學眼鏡之後看到的是這樣：嗯，也許我就是不適合「形式主義」。

・去看電影，主角很可憐，一個好人命運卻那麼悲慘，真是造化弄人。不過，看完之後，哭了一場，上班的壓力也消除了許多。

啟動美學模式、戴上美學眼鏡之後看到的是這樣：這是亞里斯多德的「悲劇理論」：悲劇通常模仿比我們高尚的人；悲劇的功能就在於引起人們的哀憐和恐懼之情，而淨化之。

這個故事可以一直發展下去！我們的人生有多長，故事就有多長；何況在這個故事中還有一些人物沒有出場（如杜威、柏拉圖……等人）。讀完了美學，我們可以啟動美學模式，用美學眼鏡來看事物；美感並不是特別的功能，人人生來都有，但「美學模式」則是要學習過美學，啟動之後才能執行，這就是兩者的差別。各位讀者，如果你的美學模式還沒有啟動，就去啟動它吧！如果已經啟動，那就強化它、讓它升

大師語錄　藝術家有些像科學家，又有些像修補匠：他運用自己的手藝做成一個物件，這個物件同時也是知識對象。——李維史陀

級！如何強化和升級？除了可以多多運用從本書所學到的功夫去思考，也可以閱讀我們推薦的美學經典，觀賞我們推薦的美學電影，這也是一種很好的強化和升級方式。

結論與分享

且讓我分享幾個小故事，做為本書的結論。

青原惟信禪師對其弟子說：我三十年前未曾參禪時，見山是山，見水是水。後來參禪悟道，見山不是山，見水不是水。而今天則是，見山又是山，見水又是水。（《指月錄》卷二十八）

這個有名的人生三境界，也適用在美學的學習上。未學美學之前，見山雖然是山，見水雖然是水，但是這只是用普通的眼睛去看山看水，雖然也見得山水之美，但只知其美，卻不知美之所以然。學習美學的期間，初學者會使用美學各學派的理論去研究日常生活中的美感現象，沒有美感（對美的感動），只有美學思維的運作，所以見山不是山，見水不是水，因為山水已非山水，而是研究的對象，仿佛被放在顯微鏡下觀見一樣，何美之有？但這只是過渡期。等到學有所成之後，就可以在進行美學思維的同時保留對美的感動，這時又回到見山是山，見水是水。這時已和未學時的懵懂無知不同，而是到達返璞歸真的境界：前者是零度，後者是三百六十度，兩者雖然在同一點，然而經驗和內涵卻已完全不同。

黑格爾曾把學習邏輯和與學習文法加以類比，說明兩者的相似之處：初學文法的人，一定感到文法規則抽象枯燥、生硬僵化；但是精熟該種語言之後，再回來重新檢視文法，則會有不同的體會，他會看到文法是語言生動活潑的靈魂。這個類比也適用於美學的學習。初學美學時，看到美學議題，浩如湮海，也許令人望洋興嘆，然而熟稔每位美學家經典和思想之後，對美學議題有自己的看法，就會發現美學理論不是抽象的思想，而是非常實用的工具。

尼采在《查拉圖斯特拉如是說》中曾提到「精神三變」，說明人類精神有三種型態：駱駝、獅子和嬰兒。駱駝任重道遠，負擔很重，只因主人的命令：「你應當！」獅子則是勇往直前，沒有人命令牠，牠命令自己：「我應當！」；嬰兒則渾然天成，沒有命令、沒有「應當」，只有自然而然和自動自發，餓了就哭，飽了就睡。這也符應我們學習美學的狀況：我們通常是由於外在的壓力（你應當！）或內在的壓力（我應當！）來學習某事；來自壓力的學習，或許可以達到某種程度的效果，但卻不

大師語錄　在美感活動中，美感之所以產生，是因為在美感對象上發現了自由。——沙特

「美」；用不美的狀況學習美學，是一個自相矛盾的事情，卻是一個必要的過渡期。很少人學習新事物，是為了學習而學習，通常會有其他的理由「逼迫」他學習，所以來自「逼迫」的學習，也許對有些人來說是無可避免的；但實際上並不是如此，我們其實可以轉化這個「逼迫」：重點是，在學習的過程中，我們要一步一步地把外在壓力（你應當）轉化成內在的壓力（我應當），再將內在的壓力轉化為自動自發；也就是要由駱駝轉變為獅子，再由獅子轉變為嬰兒。當我們變成嬰兒時，「逼迫」就不見了，美學就成了我們的生命的一部分，美學思維就變成我們的本能；原來「不美」的學習過程就變美了。

我們可以用以上分享的三個故事來檢視自己的美學學習成果。莊子說：「天地有大美而不言。」美學就是要去理解並研究這個大美；《奧義書》說：「就像不曉得寶藏埋藏地點的人，一再走過它上面，而沒有發現到它……」（《唱讚奧義書》卷八）就好比我們每天走過美的世界，卻沒有發現它一樣。就讓我們運起美學神功、啟動美學程式、戴上美學眼鏡進入這個美的大千世界來體驗、觀看和分析美吧！

3分鐘 重點回顧

❶ 美學並不是美感教育或美育，它不是教你如何審美、欣賞美的學問，美感教育是對美感能力的涵養，重在實踐；美學是在思考美，所以它涵養的能力是思考。

❷「美學」主題不只是「美」，還有「感」，當範圍加大了時，我們的眼界也加大了。

❸ 任何一派美學理論，或多或少都一定衍生自前人的思想。美學問題從古至今也經歷了二千多年了，可以讓我們學習的大師不可勝數，我們要避免的錯誤，也有無數的前人已經先行犯過了。

❹ 主觀派掌握機先，以攻為守，強調主動性（主觀派強調美感態度的主動性）；客觀派以守為攻，備好武器等敵人來犯（客觀派強調美感對象的客觀性質）；互動型（互動派美學），則攻守並進（互動派強調美感經驗中的各種主動性和被動性的「互動」）。

❺ 近代以後的主觀派，並不反對形式對美感經驗的作用，只不過他們更注重主觀的態度而已。

❻ 創造與模仿在理論上是兩個極端，在實際上卻是交織在一起的：通常創造都是

透過模仿而來的。如果只是模仿外形，那只是形似；如果模仿的是精神，然後用自己的形式（外形）表現出來，那就是創造。

❼ 美感並不是特別的功能，人人生來都有，但美學模式則是要學習過美學，啟動之後才能執行，這就是兩者的差別。

本章注釋

1. 以上內容出自金庸，《笑傲江湖》第一冊，第十章「傳劍」。
2. 以上內容出自金庸，《射雕英雄傳》第二冊，第十七回「雙手互搏」。

【番外編二】美學家、學派及理論一覽表：以時間來區分

時代	人物	學派或被歸類	特色理論	美學理論要點
古代	畢達哥拉斯	畢達哥拉斯學派	萬物的根本是「數」	‧美在於和諧、比例 ‧美的形式主義
	赫拉克利圖	先蘇自然哲學	一切都在變動	‧美是相對的
	德謨克利圖		原子論	‧美在對稱、和諧 ‧藝術起於模仿
	智者	智者學派（詭辯學派）主要代表人物普羅塔哥拉斯、高爾其亞斯等人	‧相對主義 ‧主觀主義 ‧享樂主義 ‧感官主義	‧美和藝術是相對的，取決於人的主觀感覺 ‧美是通過視聽給人以愉悅的東西
	蘇格拉底	希臘三哲人		‧美就是有用的；美＝善
	柏拉圖		理型論	‧藝術＝模仿 ‧藝術離真理有三層之遙 ‧藝術鼓動感性和提供壞文藝榜樣創作的原動力＝靈感

	亞里斯多德		•形質論 •潛能—實現 •四因說	•美在形式：秩序、均稱、明確、體積、安排、規模、比例、整一 •模仿＝創新 •悲劇的目的，就在引起人們的「憐憫」和「恐懼」之情，近而「淨化」之
	賀拉斯	古典主義		•替戲劇制定了一些「法則」
	普羅提諾	新柏拉圖主義	流出說	•最高的美是不可見的，因為美的東西都來自理型 •藝術模仿的是理型
中世紀	奧古斯丁	新柏拉圖主義 教父哲學	美的絕對性	•美是整一或和諧 •美有絕對性而醜沒有：部分的醜烘托出整體的美；醜是形式美的一個因素
	多瑪斯·阿奎那	經院哲學	美善一致，但仍有區別	•美屬於形式因的範疇：在於完整、和諧、鮮明 •美感對於對象不起欲念 •只承認視、聽是美的感官

（續下頁）

近代			
笛卡兒	理性主義		• 本身沒有美學，但產生了重大影響
布瓦洛	新古典主義		• 文藝之美只能由理性產生 • 新古典主義具有兩個基本信條：一、文藝具有永恆的絕對標準；二、然久經考驗的東西才是好的，而希臘羅馬的古典符合這個條件，值得我們學習
休謨	經驗主義		• 美不是客觀屬性，而是起於人類主觀的心理構造 • 從歷史情境替文藝的發展，找出四條規律
戈特舍德	新古典主義 萊比錫派		• 替詩的每類體裁定下了詳細的規則
博德默 布萊丁格	浪漫主義 蘇黎士派		• 不否定理性，但更強調想像
包姆加通	理性主義 浪漫主義		• 為「美學」命名（aesthetica），並建立美學學科 • 美學的對象就是感性認識的完善 • 藝術須模仿自然，即表現自然呈現於感性認識的那種完善

近代			
萊布尼茲	伍爾夫	康德	黑格爾
理性主義			德國觀念論
單子論		先驗觀念論	絕對觀念論
• 美感趣味或鑒賞力是由「混亂的認識」或「微小的感覺」所組成 • 把審美限於感性的活動，和理性活動對立起來 • 部分的醜惡適足以造成全體的和諧	• 美是一種完善	• 美是無利害關係 • 對比「美」與「崇高」：一、美只涉及對象的形式，而崇高卻涉及對象的「無形式」；二、美感是單純的快感，崇高卻是由痛感轉化成的快感 • 區分兩種崇高：數量的和力量的	• 美是理念的感性顯現 • 美學主要研究藝術美而非自然美 • 區分三個「藝術類型」（象徵型、古典型、浪漫型），五個「藝術部門」（建築、雕刻、繪畫、音樂、詩），並將兩者辯證地結合起來 • 提出「藝術終結」論點

（續下頁）

現代			
克羅齊	直覺表現主義 新黑格爾主義		• 將美學定義為研究直覺和表現的科學
杜威	實用主義		• 藝術即經驗
卡西勒	符號學		• 藝術是具有直觀形象的感性形式 • 藝術是一種構造形式的活動 • 藝術是處在科學概念和神話（或巫術）符號二者之間的東西，是這兩者的綜合：既有概念，又具有形象。
李維史陀	結構主義		• 藝術和神話不同之處，在於神話通過結構去創造事件，藝術卻是透過事件去揭示結構 • 就藝術欣賞來說，欣賞者經歷了和創作者同樣的過程：「滿足智欲」和「引起美感」
胡塞爾	現象學	現象學還原	• 本身沒有美學，但有重大影響
茵加登			• 探究美感對象的結構，分析美感作用和美感對象之間的價值關係 • 肯定美感對象的客觀結構，但同時指出這種結構是意向的對象

	杜夫海納	現象學		• 美感對象和美感知覺是不可分的，只有藝術作品與美感知覺的結合，才會出現美感對象
後現代	高達美	詮釋學	遊戲理論	• 提出「美學必須在詮釋學中出現」，「詮釋學在內容上尤其適用於美學」。 • 提出了自己的藝術作品存有學：遊戲理論
	蘇珊·朗格	符號論		• 藝術是人類情感符號的創造 • 透過「基本幻象」來為藝術分類：藝術是藉著想像力和情感符號創造出現實世界所沒有的、新的「有意義的形式」
	羅蘭·巴特	後結構主義（解構主義）		• 強調讀者對於文本的作用；他將文本分為「閱讀性文本」和「創造性文本兩種」 • 現代派的作品就是開放性的文本，這才是真正的文本 • 「創造性文本」並不是作者創造的，「作者已死」；是讀者對「創造性文本」起決定性的作用

（續下頁）

後現代

馬庫塞	班雅明	阿多諾
法蘭克福學派		
社會批判理論		
• 美感和藝術就是對現實的超越、否定和「大拒絕」，可以讓人達到自由、擺脫壓抑 • 藝術和人類其他活動的區別，是在於美感形式，它是對現實社會的超越與昇華，能使人解放 • 新感性是從美感與藝術中造就出來的，能給人新的語言，新的生成方式，達到新秩序並建立新世界	• 藝術的複製技術，從手工到機械的發展，是「量遽變到質」的一個飛躍，它引起了人類對於美感製造、鑑賞、接受等方式和態度的根本轉變 • 「機械複製時代的藝術作品」指的就是「電影」。他透過與戲劇和繪畫的比較來討論電影	• 藝術有雙重性：離異與否定 • 是出反藝術的觀念：「反藝術」是對現代資本主義社會異化現實的抗爭；「反藝術」也拒斥消費性的藝術

				•他提出了音樂和社會的整體性原則，認為音樂和社會是一個相互制約的整體；音樂的存在和演變是由社會現實決定的，反過來又對社會現實起拯救作用

（完）

【番外編二】美學家、學派及理論一覽表：以議題來區分

議題	派別或意義	代表人物或相應的時代	理論或主張
美	參見番外編一（建議由「美學理論要點」往「人物」閱讀）		
藝術	參見番外編一（建議由「美學理論要點」往「人物」閱讀）		
美感經驗	客觀派	畢達哥拉斯	美在和諧與比例。
美感經驗	客觀派	柏拉圖	美在理型
美感經驗	客觀派	賀加斯	美在形式
美感經驗	主觀派	康德	美是沒有利害關係
美感經驗	主觀派	布洛	美感起於一種心理距離
美感經驗	互動派	杜威	美感經驗是一種完整的經驗
形式	形式1 各部分的排列（與元素、成分相對）	•畢達哥拉斯學派、柏拉圖、亞里斯多德、斯多亞學派、西塞羅、維特羅維阿斯、賀加斯、任墨爾 •在古代占優勢	相關理論：黃金分割、黃金比例、美的「偉大理論」。

形式		
形式2 直接呈現在感官之前的事物（與「內容」相對）	• 德美特留、休謨 • 在二十世紀占優勢	• 形式主義者：一件真正的藝術品，只有形式是重要的 • 極端的形式主義者：「內容」是不必要的，有了內容，非但無益，反而有害。
形式3 作為一個對象的界限或輪廓（與質料相對）	• 十五至十八世紀（含「文藝復興」）占優勢 • 特斯提林	• 一個素描（形式3）傑出但色彩（形式2）平庸的畫家，比起那用色美而素描差的人來，也應該受到更多的尊敬。
形式4 對象的概念性本質（亞里斯多德的意義）	• 中世紀、二十世紀占優勢 • 亞里斯多德、士林學派學者、大亞爾伯	• 亞里斯多德本人及其弟子都未曾將形式4用在美學裡 • 把它用在美學裡的，是十三世紀士林學派的學者們：他們把形式4和冒名的狄奧尼修斯所主張的「美包含在比例和光輝」結合起來 • 大亞爾伯認為：美存在於這樣的一種本質形式（形式4）的光輝中：而這光輝透過物質中顯露其自身；但是，只有在此物體具有正確的比例（形式1）時，本質形式的光輝才會在那物體中顯露其自身。

（續下頁）

形式	形式5 人類心靈對於所知覺對象的貢獻（康德的意義）	•二十世紀前半期 •康德、費德勒、布蘭特、瑞格、吳爾芙林、瑞爾	•康德並沒有把形式5用在美學上。 •十九世紀，費德勒發現這種形式：視覺對他而言，有其普遍的形式。 •比較清楚的定義是由他的門徒和後繼者提供的：布蘭特、瑞格、吳爾芙林以及瑞爾。但每個人對形式5的詮釋都不相同
創造	無創造	希臘	藝術是技術，技術無創造性；藝術和創造兩者沒有交集
	有創造 但只有神能創造	中世紀	藝術（技術）是人的事情，創造是神的事情；藝術和創造兩者沒有交集
	有創造 但只有一部分人（藝術家）能創造	十九世紀	藝術和創造的交集在於藝術家
	有創造 全部的人都能創造	二十世紀以後	藝術是創造的一部分
模仿	禮拜：顯示內心的意象（表現）	古代：祭司	相應的藝術：舞蹈、奏樂、歌唱
	自然作用	古代：德謨克利圖斯	相應的藝術：紡織、建築、唱歌

模仿		
事物外表的翻版	古代：柏拉圖（蘇格拉底）	相應的藝術：繪畫、雕刻及詩歌
對實在的自由的接觸	古代：亞里斯多德	相應的藝術：音樂、雕刻及戲劇
透過可見的世界去模仿不可見的世界	中世紀：冒名的迪奧尼修	藝術的模仿是透過可見的世界去模仿不可見的世界
	中世紀：奧古斯丁	
精神性的再現遠比物質性的再現重要	中世紀：戴爾都良	上帝禁止任何對於這個世界的模仿
	中世紀：波那文都拉	指出當時的人們認為：忠實模仿實在的繪畫是真理的沐猴而冠
模仿仍是必要的	中世紀：若望．徹里斯布雷	繪畫就是模仿
	中世紀：多瑪斯．阿奎那	藝術模仿自然
模仿是藝術（詩學）最重要的事，但名稱上的一致大過意義上的一致，可以確定的是：模仿並不是單純的「複寫實在」。	文藝復興：十五世紀	所有視覺藝術都接受了模仿說
	文藝復興：塔索（十六世紀）	模仿乃詩的本質，唯有模仿才使詩成為詩
	文藝復興：維柯（十八世紀）	詩除了模仿之外，便什麼也不是

（續下頁）

模仿		
模仿是一切藝術的原則	十八世紀：巴多	一切藝術都是模仿
無新概念	十八世紀末十九世紀初	模仿的重心轉向視覺藝術
模仿＝寫實	十九世紀後迄今	藝術的重心已由模仿轉向創造

（完）

本書參考書目

一、Arthur Danto 著，林雅琪、鄭惠雯譯，《在藝術終結之後：當代藝術與歷史藩籬》，台北：麥田，2010。

二、Dabney Townsend 著，林逢棋譯，《美學概論》，台北：學富文化，2008。

三、F. Copleston 著，傅佩榮譯，《西洋哲學史》I，台北：黎明文化事業公司，1986

四、Plato 著，徐學庸譯，《理想國》

五、Robert J. Sternberg 編，李乙明、李淑貞譯，《創造力 I．理論》，台北：五南，2009。

六、Robert J. Sternberg 編，李乙明、李淑貞譯，《創造力 II．實務》台北：五南，2009。

七、W. Tatarkiewicz 著，劉文潭譯，《西洋美學六大理念史》，台北：聯經，1989

八、William Hogarth 著，楊成寅譯，《美的分析》，台北：丹青，1986。

九、朱立元主編，《西方美學名著提要》，南昌：江西人民出版社，2000。

十、朱立元主編，《現代西方美學史》，上海：上海文藝出版社，1993。

十一、朱光潛，〈不似則失其所以為詩，似則失其所以為我——模仿與創造〉，《談美》，收於《朱光潛全集》第二卷，頁82-83；合肥：安徽教育出版社，
十二、朱光潛，《文藝心理學》，頁20，台北：頂淵文化，2003；《朱光潛全集》則收錄在第一卷，頁217。
十三、朱光潛，《西方美學史》上、下卷，收於《朱光潛全集》第六卷、第七卷，合肥：安徽教育出版社，1990；
十四、李醒塵，《西方美學史教程》，台北：淑馨，1994年
十五、亞里斯多德著，陳中梅譯，《詩學》，第七章，北京：商務，1996。
十六、周德禎、賀瑞麟等著，《文化創意產業：理論與實務》，台北：五南，2012。
十七、周憲，《美學是什麼?》，北京：北京大學出版社，2002
十八、康德著，鄧曉芒譯，《判斷力批判》，頁37，北京：人民出版社，2002。
十九、第歐根尼．拉爾修 [Diogenes Laertius] 著，馬永翔等譯，《名哲言行錄》長春：吉林人民出版社，2003。
二十、傅偉勳，《西洋哲學史》，台北：三民，1984。
二一、陳中梅，〈柏拉圖的美學思想〉，收於《柏拉圖詩學和藝術思想》，北京：商務

印書館，1999。
二二、喬斯坦・賈德著，蕭寶森譯，《蘇菲的世界》，台北：智庫文化，1995。
二三、維科（Vico）著，朱光潛譯，《新科學》，商務印書館出版，後收於《朱光潛全集》第二十五、二十六卷，合肥，安徽教育出版社，1987。
二四、蔣勳，《天地有大美》，台北：遠流，2008。
二五、豐子愷，《藝術趣味》，長沙：湖南文藝出版社，2002
二六、藤卷幸夫著，林欣儀譯，《守破離創意學》，台北：臉譜，2010。

國家圖書館出版品預行編目資料

今天學美學了沒 / 賀瑞麟著. -- 初版. -- 臺北市：商周, 城邦文化出版：家庭傳媒城邦分公司發行, 2015.05
面；　公分

ISBN 978-986-272-788-1（平裝）

1.美學

180　　104005830

今天學美學了沒

作　　者 / 賀瑞麟
責任編輯 / 夏君佩

版　　權 / 翁靜如
總 編 輯 / 楊如玉
總 經 理 / 彭之琬
事業群總經理 / 黃淑貞
發 行 人 / 何飛鵬
法律顧問 / 元禾法律事務所 王子文律師
出　　版 / 商周出版
台北市104民生東路二段141號4樓
電話：(02) 25007008　傳眞：(02)25007759
E-mail：bwp.service@cite.com.tw
Blog：http://bwp25007008.pixnet.net/blog
發　　行 / 英屬蓋曼群島商家庭傳媒股份有限公司城邦分公司
台北市中山區民生東路二段141號2樓
書虫客服服務專線：(02)25007718；(02)25007719
服務時間：週一至週五上午09:30-12:00；下午13:30-17:00
24小時傳眞專線：(02)25001990；(02)25001991
劃撥帳號：19863813；戶名：書虫股份有限公司
讀者服務信箱：service@readingclub.com.tw
城邦讀書花園：www.cite.com.tw
香港發行所 / 城邦（香港）出版集團有限公司
香港灣仔駱克道193號東超商業中心1樓
E-mail：hkcite@biznetvigator.com
電話：(852) 25086231　傳眞：(852) 25789337
馬新發行所 / 城邦（馬新）出版集團【Cite (M) Sdn. Bhd.】
41, Jalan Radin Anum, Bandar Baru Sri Petaling,
57000 Kuala Lumpur, Malaysia.
Tel: (603) 90578822　Fax: (603) 90576622
Email: cite@cite.com.my

封面設計 / 江孟達
排　　版 / 極翔企業有限公司
印　　刷 / 韋懋印刷事業有限公司
經 銷 商 / 聯合發行股份有限公司
新北市231新店區寶橋路235巷6弄6號2樓
電話：(02)29178022　傳眞：(02)29110053

■2015年5月5日初版
■2021年9月2日初版3.3刷
定價320元

Printed in Taiwan

城邦讀書花園
www.cite.com.tw

 ISBN 978-986-272-788-1

商周出版

廣 告 回 函
北區郵政管理登記證
北臺字第000791號
郵資已付，免貼郵票

104 台北市民生東路二段141號9樓

英屬蓋曼群島商家庭傳媒股份有限公司城邦分公司 收

請沿虛線對摺，謝謝！

商周出版

書號：BO6023 書名：今天學美學了沒 編碼：

請於此處用膠水黏貼

商周出版

讀者回函卡

感謝您購買我們出版的書籍！請費心填寫此回函卡，我們將不定期寄上城邦集團最新的出版訊息。

不定期好禮相贈！
立即加入：商周出版
Facebook 粉絲團

姓名：＿＿＿＿＿＿＿＿＿＿ 性別：□男 □女

生日：西元＿＿＿＿年＿＿＿＿月＿＿＿＿日

地址：＿＿＿＿＿＿＿＿＿＿

聯絡電話：＿＿＿＿＿＿＿＿ 傳真：＿＿＿＿＿＿＿＿

E-mail ：

學歷：□ 1. 小學 □ 2. 國中 □ 3. 高中 □ 4. 大學 □ 5. 研究所以上

職業：□ 1. 學生 □ 2. 軍公教 □ 3. 服務 □ 4. 金融 □ 5. 製造 □ 6. 資訊
□ 7. 傳播 □ 8. 自由業 □ 9. 農漁牧 □ 10. 家管 □ 11. 退休
□ 12. 其他＿＿＿＿＿＿＿＿

您從何種方式得知本書消息？

□ 1. 書店 □ 2. 網路 □ 3. 報紙 □ 4. 雜誌 □ 5. 廣播 □ 6. 電視
□ 7. 親友推薦 □ 8. 其他＿＿＿＿＿＿＿＿

您通常以何種方式購書？

□ 1. 書店 □ 2. 網路 □ 3. 傳真訂購 □ 4. 郵局劃撥 □ 5. 其他＿＿＿＿

您喜歡閱讀那些類別的書籍？

□ 1. 財經商業 □ 2. 自然科學 □ 3. 歷史 □ 4. 法律 □ 5. 文學
□ 6. 休閒旅遊 □ 7. 小說 □ 8. 人物傳記 □ 9. 生活、勵志 □ 10. 其他

對我們的建議：＿＿＿＿＿＿＿＿＿＿

【為提供訂購、行銷、客戶管理或其他合於營業登記項目或章程所定業務之目的，城邦出版人集團（即英屬蓋曼群島商家庭傳媒（股）公司城邦分公司、城邦文化事業（股）公司），於本集團之營運期間及地區內，將以電郵、傳真、電話、簡訊、郵寄或其他公告方式利用您提供之資料（資料類別：C001、C002、C003、C011 等）。利用對象除本集團外，亦可能包括相關服務的協力機構。如您有依個資法第三條或其他需服務之處，得致電本公司客服中心電話 02-25007718 請求協助。相關資料如為非必要項目，不提供亦不影響您的權益。】

1.C001 辨識個人者：如消費者之姓名、地址、電話、電子郵件等資訊。
2.C002 辨識財務者：如信用卡或轉帳帳戶資訊。
3.C003 政府資料中之辨識者：如身分證字號或護照號碼（外國人）。
4.C011 個人描述：如性別、國籍、出生年月日。

請於此處用膠水黏貼